AT YO~~UR BES~~T

— como —

CARPINTERO

Un Playbook para la Construcción de una Gran Carrera y Lanzamiento de un Próspero Negocio Pequeño como Carpintero

JUAN CAROSSO

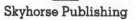

Skyhorse Publishing

DEDICATION

Quiero dedicar este libro y toda la serie de "**At Your Best**" a mis padres: Dolores y Giovanni (Juan) por tu valor, trabajo duro y perseverancia en la búsqueda de nuestro Sueño Americano familiar. Para mí, siempre ha sido "la familia primero" y he sido bendecido con un gran hijo, Adam, del cual no puedo estar más orgulloso. Estoy muy agradecido de tener el apoyo de mis hermanas y hermanos, uno de los cuales, Héctor, al particularmente quiero agradecer por su ayuda tan fundamental para a que esta serie de "AYB Playbook" sea una realidad. Por último, quiero agradecer a mi bella esposa, Ginny, por ser mi primera y única inspiración a lo largo de este recorrido de "**At Your Best**"; y por todos nuestros maravillosos años juntos. Espero con creces el resto de nuestro Sueño Americano.

CONTENIDO

PREFACIO

EL SUEÑO AMERICANO ESTÁ VIVO Y FUERTE

Mis padres trajeron a nuestra familia a los Estados Unidos desde Argentina en 1963 en busca del Sueño Americano. Con trabajo duro y perseverancia, mis padres dieron a mis cuatro hermanas, mis dos hermanos y a mí los bloques de construcción en el que perseguimos y nos dimos cuenta de nuestros propios sueños. El Sueño Americano más notable de la historia de mi familia es la forma ordinaria y común que realmente es. Existen decenas de millones de ejemplos de nuestra historia entre nativos e inmigrantes americanos—pasados y presentes, que se levantaron más allá de sus circunstancias originales para construir una vida fructífera para ellos y sus familias.

No hay ningún otro país de la Tierra—aparte de los Estados Unidos de América, donde un individuo o familia puede comenzar con nada y esperar buenas y sólidas probabilidades, que van a realizar tu propia versión del Sueño Americano, siempre y cuando trabajen duro, obtengan educación, aprendan las habilidades cuales están en demanda, y perseveren en sus actividades.

La definición de "Sueño Americano" puede significar muchas cosas para la gente, pero por lo general se reduce a:

✓ Libertad Personal
✓ Oportunidad de Opciones

✓ Construcción de un Futuro Mejor para Ti y tu Familia
✓ Logro de Tus Metas y Sueños

Realmente creo que el Sueño Americano está aún muy vivo y fuerte. Sin embargo, también creo que la mayoría de la gente puede no saber cómo armar un plan y luego ejecutarlo para llevarse a sí mismos por el camino hacia la realización de tu propio Sueño Americano. También pueden no saber que los 'Skilled Trades' ofrecen una amplia gama de enormes oportunidades. Uno de los caminos probados y verdaderos para alcanzar el sueño de uno es por seguir una carrera en uno de los 'Skilled Trades,' como lo hizo mi padre.

Estoy convencido de que, si se les da un plan realista que establece claramente lo que se necesita para construir una exitosa carrera en uno de los 'Skilled Trades,' junto con la forma de construir una pequeña empresa exitosa la gente actuará. Con este plan, una persona tendrá un punto de partida, junto con un desglose de los recursos adicionales y los hitos a lograr para llegar del punto A al punto B, y así sucesivamente hasta que alcancen tu objetivo. Es por eso que escribí este y los otros libros de la serie **At Your Best** Playbook y puse en marcha el sitio web www .AtYourBest.com.

Creo absolutamente que estás en tu mejor momento o **"At Your Best"** cuando se tiene un plan de juego. Permite que **At Your Best** sea la base para tu propio plan personal, tu punto de partida, y tu camino hacia tu Sueño Americano.

INTRODUCCIÓN

LOS 'SKILLED TRADES' Y EL SUEÑO AMERICANO

Hoy en día, hay más de **6,5 millones** todavía bien remunerados y que ocupan cargos vacantes en los Estados Unidos en los 'Skilled Trades.' Las carreras en los "Skilled Trades" son aquellos trabajos que requieren entrenamiento y conocimiento específico, como un carpintero o un electricista. Gran parte del trabajo involucrado es trabajo manual y puede ser físicamente exigente. Estos puestos están sin cubrir, no porque no haya suficientes personas disponibles e interesados en tener un trabajo bien pagado seguro, sino porque no hay suficientes personas con los conocimientos, actitud y experiencia requerida para estos puestos. Esto es lo que llamamos el 'Skills Gap,' la diferencia entre los puestos de trabajo disponibles que requieren habilidades específicas y las personas disponibles con esas habilidades para hacer esos trabajos.

En las últimas décadas, una visión equivocada se ha afianzado en nuestra sociedad, cual minimiza la importancia y la oportunidad que representa las carreras en los 'Skilled Trades.' A pesar de la realidad, una carrera en los 'Skilled Trades' ha llegado a ser visto como una especie de "premio de consolación," en comparación con una carrera en la cual te sientas detrás de un escritorio con un título universitario de cuatro años. El tiempo nunca ha sido el más adecuado para acabar con esta perspectiva miope, altamente perjudicial y volver a apreciar el hecho de que los 'Skilled Trades' son los bloques de construcción fundamentales, de la calidad de vida de nuestro país.

El 'Skills Gap' tienen más amplitud que nunca y, por desgracia, se espera que se continúen ampliando en el futuro. Puede estar seguro de que todos vamos a sentir el impacto creciente de el 'Skills Gap.' Sin embargo, para ti, esta es una enorme oportunidad, y potencialmente cambiará tu vida. Si la economía de Estados Unidos está creciendo, estancanda o contratando, la imagen económica personal siempre será mejor, en términos relativos, siempre y cuando tengas un conjunto de habilidades y la experiencia que están en demanda en tu mercado local y en todo el país.

El 'Skills Gap' son reales. La falta de buenas personas que construyen a largo plazo, cumplidores y con carreras bien remuneradas es real. En cuestión de unos pocos meses durante 2017–2018, la economía de Estados Unidos pasó de un estado de altos niveles de desempleo a otra cual los funcionarios públicos y los medios de comunicación llaman niveles de "pleno empleo." Aun así, sigue habiendo decenas de millones de personas que están desempleadas o subempleadas, mientras que el 'Skills Gap' siguen aumentando. Los que aún están en el banquillo, o en trabajos que no usan tu potencial, tienen una oportunidad que es real. La oportunidad para asegurar el futuro de tu vida y la de tu familia mediante la introducción de el 'Skilled Trades' es real. La oportunidad para que puedas obtener un ingreso seguro, cómodo, de clase media para el resto de tu carrera es muy real.

El objetivo de este libro de **At Your Best** (AYB Playbook) es para ofrecerle un alto nivel, enfoque detallado para que pueda tomar ventaja de lo que el 'Skills Gap' pueden significar para ti—un camino para conseguir uno de esos puestos bien remunerados y gratificantes en los 'Skilled Trades.' Este AYB Playbook tiene la intención de proporcionar el recurso más completo disponible para ayudarte a través de cada paso de la construcción de tu carrera y el lanzamiento de un pequeño negocio como carpintero. A lo largo de ella, se le dirigirá a otros recursos importantes que le puede proporcionar información de forma inmediata y efectiva a aprender aún más sobre un tema crítico. Mi esperanza es que este AYB Playbook se convertirá en tu plan de acción para la construcción y la seguridad de tu Sueño Americano para que pueda estar **At Your Best.**

MOMENTOS "KITCHEN TABLE" Y AT YOUR BEST

Pensar en un **Momento "Kitchen Table"** como una sesión de tiempo de espera que se toma para pensar y la disposición de tu siguiente serie de jugadas o para replantear una parte de tu plan de juego. Estás leyendo este libro porque tú o alguien importante para ti está considerando un trabajo o una carrera en una de los 'Skilled Trades.' Puedes estar sentado en tu mesa de la cocina, solo o con alguien importante para ti, tratando de pensar en lo que son las medidas correctas a tomar para asegurarte de que vas a tener éxito. A menos que tengas un familiar o amigo, que ha "estado allí, hecho que," para entrenarte y con las puertas abiertas, estás en tu propia cuenta durante este y los momentos futuros en la "mesa de la cocina" (Kitchen Table).

La serie de AYB Playbooks tiene la intención de cambiar eso. Cada playbook está diseñado para poner primero un alto nivel, un detallado enfoque que te guiará a través de etapas de la construcción de una exitosa carrera en una de los 'Skilled Trades.' Está escrito para hacer frente a las necesidades y circunstancias de alguien que está empezando a considerar la posibilidad de los 'Skilled Trades,' así como alguien que está mirando para conseguir tu carrera en camino más sólida y positiva. Entonces, AYB Playbook presentar un proceso para el lanzamiento y la construcción de un éxito, las pequeñas empresas en los 'Skilled Trades.'

Obviamente, cada Momento "Kitchen Table" variará para cada persona y sus circunstancias específicas. Sin embargo, no importa lo que eres y cuáles son sus circunstancias pueden ser a lo largo del camino, tendrás preguntas acerca de qué hacer a continuación y si tiene sentido para ti para dar ese paso. Los AYB Playbooks están diseñados para ayudar a guiarte a través de estos momentos de "mesa de la cocina" para que puedas examinar las cuestiones y problemas correctos, y puede hacerte responsable de maximizar tus oportunidades de éxito.

AT YOUR BEST COMO UN CARPINTERO

Una exitosa carrera en los 'Skilled Trades' es una plataforma verdadera y probada desde la cual el lanzar un pequeño negocio exitoso y aún más lucrativo. Una carrera como carpintero es uno de los más versátiles de los 'Skilled Trades,' que te da las habilidades, la experiencia práctica y la comprensión de cómo se construyen los edificios y otras estructuras.

Mientras la sociedad necesita hogares, oficinas y muebles construidos, habrá puestos de trabajo para carpinteros. Mientras necesiten ser modificados o reparados edificios, un carpintero experto puede encontrar trabajo.

Este AYB Playbook presenta lo que se necesita para construir una gran carrera como carpintero y cómo utilizar esa experiencia para lanzar una exitosa y pequeño negocio lucrativo. Este AYB Playbook trabajará para responder a las siguientes preguntas:

1. ¿Cómo es una carrera de carpintero?
2. ¿Cómo convertirse en un artesano exitoso como carpintero?
3. ¿Cuánto se puede hacer como un carpintero?
4. ¿Cuáles son sus opciones de carrera una vez que se convierte en un carpintero?
5. ¿Cuánto tiempo se necesita para tener éxito en cada etapa de la carrera de un carpintero?
6. ¿Cómo y dónde encontrar trabajo como carpintero?

7. ¿Cuáles son las acciones específicas y concretas que se pueden tomar para convertirse en un empleado valioso?

8. ¿Qué se necesita para lanzarte por tu cuenta? Y,

9. ¿Qué—como mínimo—se necesita para poner en marcha y construir un pequeño negocio exitoso?

Antes de comenzar a contestar estas preguntas, necesitamos cubrir algunos conceptos fundamentales acerca de estar At Your Best. Este AYB Playbook se divide en tres partes:

✓ **Parte 1** presenta los fundamentos del **At Your Best**—reglas del juego—, las cuales estarán en juego a lo largo de este AYB Playbook

✓ **Parte 2** proporciona un plan de juego con los pasos, procesos y algunas acciones concretas a tomar constantemente con el fin de construir una carrera exitosa como carpintero

✓ **Parte 3** proporciona un plan de juego para el lanzamiento y la construcción de un exitoso pequeño negocio de carpintería

SOBRE EL AUTOR

Seguro usted se preguntará, "¿Qué hace un tipo con un MBA de la Universidad de Michigan en finanzas y marketing, quien pasó casi treinta años ayudando a las nuevas empresas de tecnología y plazos a mejorar sus ventas, desarrollo de negocios, y los esfuerzos de marketing, hablando sobre los 'Skilled Trades'?" Bueno, también administro nuestro negocio de inversión inmobiliaria familiar y he reformado varias propiedades en Seattle, la ciudad de Nueva York, St. Louis, Atlanta, Kansas y Michigan; me ha dado la oportunidad de conocer y trabajar con muchos comerciantes cualificados y contratistas través de los EE.UU.

La inspiración para esta serie de At Your Best Playbooks vino en parte de las muchas discusiones que tuve con estos propietarios de pequeñas empresas. Independientemente del lugar en los EE.UU., todos ellos hablaron de la falta de comerciantes calificados que limitaba su capacidad para incrementar sus negocios. El caso es que, cuando empecé a comprender el mundo real, las consecuencias perjudiciales de lo que esta escasez a nivel nacional significa realmente para todos nosotros, se convirtió en una especie de misión para mí el hablar con alguien ni remotamente conectado a cualquiera de los 'Skilled Trades.' Una vez que me di cuenta, como el revertir esta situación generaría un impacto a nivel humano, en individuos y sus familias—personas como veteranos y ciudadanos que están desempleados o en trabajos no satisfactorios—At Your Best se convirtió en mi pasión 24/7.

PARTE 1:

FUNDAMENTOS DE AT YOUR BEST: LAS REGLAS DEL JUEGO

Al leer este AYB Playbook, tendrás que mantener una serie de conceptos fundamentales en mente para proporcionar un contexto para lo que vamos a discutir. La Parte 1 establece específicamente los fundamentos AYB, por lo que se puede hacer referencia a ellos a medida que avanza a través de este AYB Playbook.

En esta sección se describirá:

- ✓ ¿Cómo este AYB Playbook y la página web www.AtYourBest.com, juntos, están diseñados para ofrecerte el plan de acción y las herramientas para tener éxito en cada etapa de tu carrera y en tu pequeña empresa?
- ✓ Las fuentes y los métodos utilizados para crear el contenido que se encuentra en este AYB Playbook
- ✓ ¿Para ayudar a quién fue creada la serie AYB Playbook? y ¿Cómo se puede utilizar Playbook AYB para construir una carrera exitosa y poner en marcha un pequeño negocio emergente?
- ✓ Algunas verdades básicas acerca de tomar en una actitud **At Your Best**
- ✓ Todo comienza con "You, Inc."
- ✓ 3P+A = Personas, Presentación, Profesionalismo y Actitud

FUNDAMENTOS DE AT YOUR BEST: LAS REGLAS DEL JUEGO

CAPÍTULO 1

AYB Playbooks & www.AtYourBest.com

ESTÁS AT YOUR BEST
cuando tienes las herramientas adecuadas para el trabajo.

AYB PLAYBOOKS & WWW.ATYOURBEST.COM

Los AYB Playbooks y el sitio web At Your Best están diseñados para trabajar juntos y dar acceso al más amplio conjunto de recursos que podría necesitar a medida que construye tu carrera y negocios. Los AYB Playbooks se mantienen cortos y concisos para que sean fáciles de leer y mantener cerca para una fácil y rápida referencia. El sitio www.AtYourBest.com está diseñado para incluir todos los recursos y herramientas adicionales para ayudarle a tener éxito.

Los AYB Playbooks están destinados a presentar con un camino claro y directo para llegar a las etapas clave en una carrera de un oficio específico. La ruta se presenta como un conjunto de metas y listas de control que se pueden utilizar para hacerse responsable, como un plan de juego. Sin embargo, los AYB Playbooks están diseñados específicamente para ser concisos frente a todo lo que abarca. Se te darán puntos fáciles de usar, a partir de lo que puede pasar a la siguiente tarea pendiente o meta.

En pocas palabras: Este AYB Playbook tiene la intención de proporcionar un camino a seguir, con los puntos de referencia importantes en el camino, a una exitosa carrera en los 'Skilled Trades.' Este AYB Playbook presentará:

✓ Lo que hay que considerar cuando se piensa al iniciar una carrera en los 'Skilled Trades'

✓ Cómo y dónde obtener la capacitación que se necesita para comenzar tu carrera

✓ Cuáles son los pasos que debe tomar para construir una carrera exitosa

✓ Cómo sacar provecho de las habilidades y la experiencia que construyes durante tu carrera para poner en marcha un pequeño negocio exitoso

✓ Cuáles son los factores críticos de éxito necesarios para centrarse en maximizar tu potencial en el éxito como un pequeño negocio en los 'Skilled Trades'

Las diferentes herramientas y hojas de trabajo que se describen en este AYB Playbook están disponibles en nuestro sitio web en la sección Herramientas Rápidas AYB (AYB Quick Tools). El inventario de Herramientas Rápidas AYB crecerá mucho más allá de describir en el AYB Playbook, como lectores y visitantes del sitio web solicitan herramientas adicionales. Así que, por favor, visita nuestro sitio web regularmente. Si no puedes encontrar lo que necesitas o deseas, háznoslo saber y vamos a tratar de crear y hacerlos disponible para todo el mundo.

"Una mirada más allá del horizonte" es como uno de los Expertos en la Materia AYB describe lo que él deseaba que pudiera haber tenido mientras construía tu carrera y tu muy exitoso negocio de contratación general. Eso es lo que espero ofrecerte con el AYB Playbook y nuestro sitio web www.AtYourBest.com, para darte una visión de lo que es probable que necesites o encuentres si sigues un curso particular de acción, por lo que se puede hacer una mejor decisión antes de llegar allí.

El contenido del AYB Playbook se complementa con contenidos adicionales y los recursos, el acceso a la comunidad AYB de otros lectores y expertos en la materia a través de la página web AYB. El objetivo es que a medida que más lectores visiten nuestro sitio web y proporcionar sus comentarios, preguntas e intereses, el sitio continuamente mejorará para servir a nuestros lectores.

"¿Experto en la materia?"—En realidad no. Soy un tipo que amaba construir hogares con la mejor de nuestras capacidades, con un gran equipo de artesanos quienes se atascaron conmigo porque me quedé con ellos. Nuestros clientes siguen viniendo porque siempre fuimos justos y honestos con lo bueno y lo feo.

—JEFF M., CONTRATISTA RETIRADO, ST. LOUIS

AT YOUR BEST CON EXPERTOS EN LA MATERIA

El contenido en AYB Playbook te proporcionará puntos de vista de una serie de mundo real, expertos en la materia (Subject Matter Experts o SME). Cada SME fue seleccionado debido a tu éxito en sus respectivos conocimientos.

Los SMEs fueron consultados en cada etapa del desarrollo de la serie **At Your Best** Playbooks. En conjunto, su papel, tal como se presenta a través de sus citas y palabras de sabiduría, es proporcionarte un "mirar más allá del horizonte." Como se suele decir, "estar prevenido es estar preparado." El objetivo de AYB Playbook es ayudar a minimizar las incógnitas por delante al considerar una carrera en los 'Skilled Trades.'

Para una persona, los SMEs subrayan que no hay ningún atajo o trabajo en torno a la vez, buena actitud, el trabajo duro y la perseverancia necesaria para adquirir la educación, habilidades y experiencia para tener éxito como artesano en los 'Skilled Trades.' Cada SME es tan firme que si están dispuestos a poner en el tiempo y hacer el trabajo duro para convertirse en un verdadero artesano, se encontrará con poca competencia y mucho éxito en tu elección de puestos de trabajo y en tu comercio especializado elegido.

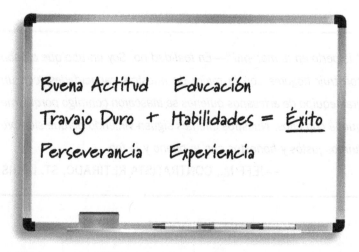

Para revisar algunas de las entrevistas de los SMEs realizadas para el desarrollo la serie AYB Playbook, ve a www.AtYourBest.com y haz clic en "Herramienta Rápida AYB" ("AYB Quick Tools"). Encontrarás un enlace a **Mantener la Cabeza en Alto.** Los comentarios proporcionados por los SMEs que se presentan como "Pensamientos SME" ("SME Insights"). Lo más destacado de cada entrevista a los SMEs se presenta en forma de punto para facilitar tu consulta con un enlace a una versión más larga, cual puede descargarse con el resto de los puntos de vista de los SMEs. Los SMEs han "estado allí, hecho eso" y cada uno de ellos felizmente ofrecieron sus puntos de vista con la esperanza de ayudarle en tu camino para convertirse en un artesano.

FUENTES, MÉTODOS, Y CREDIBILIDAD

Un objetivo primordial de la serie AYB Playbook y nuestro sitio web—www.AtYourBest.com—es que le presentará un plan lógico y fácil de seguir de acción elaborado a partir de fuentes actuales y creíbles.

Se utilizaron una amplia variedad de fuentes para crear la página web AYB y AYB Playbook. El contenido asociado con la Parte 2 de este AYB Playbook, que se refiere a la construcción de tu carrera, cual se ha elaborado a partir de las siguientes fuentes:

- ✓ Entrevistas con expertos en la materia
  - • Personas exitosos en los 'Skilled Trades'—actuales y retirados
- ✓ Occupational Outlook Handbook, 2016–2017, Departamento de Trabajo de EE.UU.
- ✓ www.CareerOneStop.org, Departamento de Trabajo
- ✓ O*NET Online, Departamento de Trabajo
- ✓ Sistema de Información de Carreras WOIS
  - • Una organización sin ánimo de lucro dedicada a la recopilación de datos y la carrera editorial

Además, hacia el final de la Parte 2, Capítulo Siete; se presentan varias acciones importantes y concretas que se pueden realizar constantemente a lo largo de tu carrera para convertirse en un empleado de gran valor en todas las posiciones que se mantenga en el futuro. Voy a recomendar que seguir aprendiendo más sobre estas "acciones concretas" porque le dirige a secciones específicas en un excelente libro titulado:

✓ *How to Be the Employee Your Company Can't Live Without:*
18 Ways to Become Indispensable por Glenn Shepard

El contenido que se presenta en la Parte 3—cubriendo lanzamiento y la construcción de tu pequeño negocio se ha desarrollado en gran medida en respuesta a la orientación y las principales cuestiones planteadas durante mis entrevistas con el tema de los Expertos en la Materia AYB. A un alto nivel, esta sección abarca una serie de temas críticos.

Estas áreas incluyen temas críticos:

✓ Qué tener en cuenta al iniciar un pequeño negocio
✓ Lo que debe hacer para operar una pequeña empresa exitosa
✓ Estrategias de marketing de alto impacto y bajo costo para atraer clientes
✓ Ventajas competitivas a través del excelente servicio al cliente
✓ Liderazgo y gestión de equipos pequeños

Para proporcionar un tratamiento integral de estos temas críticos, mientras se mantiene la longitud de este AYB Playbook a algo razonable, elegí varios libros para ayudar a proporcionarte lo que necesitas saber. Aunque hay un número casi ilimitado de libros y recursos por ahí que hacen un gran trabajo de hacer frente a cada uno de los temas más arriba, he elegido y referenciad un libro para cada uno de los temas críticos. En mi opinión, cada uno de estos autores habla directamente a lo que se necesita para estar **At Your Best**.

Los libros I seleccionados son:

✓ *The Art of the Start* por Guy Kawasaki
✓ *Small Time Operator*, 13ª edición de Bernard Kamoroff

✓ *Guerrilla Marketing Remix*, por Jay Conrad Levinson y Levinson Jeannie

✓ *Raving Fans: A Revolutionary Approach to Customer Service* por Ken Blanchard y Sheldon Bowles

✓ *Extreme Ownership: How U.S. Navy SEALs Lead and Win* por Jocko Willink y Leif Babin

Siempre que hablamos de un tema crítico que se basa en los libros mencionados anteriormente, voy a ofrecerle un enfoque fácil de usar para encontrar la información más importante sobre este tema en particular mediante el uso de un **AYB Assist**, que explicaremos más adelante. Por ahora, un **AYB Assist** le dará la ubicación específica en uno o más de estos libros donde se puede practicar y aprender más acerca de un tema específico. Tenga en cuenta que me animo a comprar sus propias copias de estos seis, excelentes libros a utilizar para obtener una mayor comprensión de los conceptos fundamentales que se presentan en este AYB Playbook.

LOCAL Y EFECTIVO

At Your Best se ha comprometido a proporcionarle la información que se necesita para tomar decisiones durante sus momentos de mesa de la cocina. Igual de importante, la información que se encuentran en AYB Playbook será inmediatamente efectivo y disponible en tu comunidad local. En otras palabras, no importa donde vivas o quieras vivir en los EE.UU., AYB Playbook puede ayudarte a caminar a través de cada paso de tu próxima carrera en los 'Skilled Trades.'

CAPÍTULO 1 REPASO
AYB Playbooks y www.AtYourBest.com

» AYB Playbooks y el sitio web AYB que proporcionan un camino para el lanzamiento de una carrera exitosa y pequeña empresa en los 'Skilled Trades' mediante el establecimiento de los factores críticos de éxito para que puedas considerar y los pasos a seguir para lograr el éxito

» AYB Playbooks y el sitio web proporcionan información efectivo que es utilizable inmediatamente dondequiera que se viva en los EE.UU., sobre la base de los conocimientos de las fuentes de referencia clave, numerosos Expertos en la Materia (SME) que han "estado allí, hecho eso," y seis grandes libros

AYB Playbook
es para Ti, si . . .

TÚ ESTÁS AT YOUR BEST
cuando sabes que estás
en el camino correcto.

Puedo decir que la voluntad de ensuciarse siempre nos ha definido
como nación, y es un sello distintivo del trabajo duro y un sello de
la diversión, y la suciedad no es el enemigo.

—MIKE ROWE,
PERSONALIDAD DE TV Y PARTIDARIO DE SKILLED TRADES

PARA QUIÉN ES EL AYB PLAYBOOK

Por todo el país, hay millones de personas que están en paro por cualquier razón. Muchos otros están subempleados, hacen un trabajo que no quieren o que les paga menos de lo que necesitan. Una gran mayoría de estas personas están dispuestas a poner en el trabajo y esfuerzo para aprender las habilidades necesarias para asegurar tu futuro. Tantos con mucho gusto seguir una nueva carrera en los 'Skilled Trades.' Sin embargo, debido a muchas razones, simplemente no saben cómo dar el primer paso (s) y, a continuación, la siguiente y así sucesivamente.

At Your Best Playbooks son para:

✓ Los Recién Llegados—los que están entrando en la fuerza de trabajo por primera vez

✓ Los Veteranos—Aquellos que están entrando en la fuerza laboral civil después del servicio militar

✓ Los que Vuelven a Empezar—Los que están buscando cambiar o restablecer carreras

✓ Los Mejoradores—Los que ya están en un comercio especializado, pero quieren llevar tu carrera al siguiente nivel o que son empresarios de ese Skilled Trade que desea conducir sus negocios a mayores alturas

Los Recién Llegados

Cualquiera que entre en la fuerza de trabajo por primera vez debe considerar los 'Skilled Trades' como una carrera viable y potencialmente lucrativo. Ya sea que estés a punto de graduarte de la escuela secundaria o la universidad, o una persona en un salario de obra no calificada, mínimo, trabajo "callejón sin salida," uno de los 'Skilled Trades' podría ofrecerte una gran carrera. Toma un momento para imaginar entrar en una carrera que, desde el principio, te paga un salario fiable, viviendo, donde tus ingresos se incrementan en relación directa con la experiencia y las habilidades que adquieres. ¡Imagínate ganar un ingreso sólido, de clase media en el tiempo que se necesita para asistir a una universidad de cuatro años, sin toda la deuda de la universidad!

AYB Playbook tienen la intención de ayudar a considerar si una carrera en una de los 'Skilled Trades' es adecuada para ti. Cada AYB Playbook te guía a través de un proceso lógico para que pueda entender lo que se necesita para tener éxito y cómo llegar allí en un oficio particular. Igual de importante, cada AYB PlayBook se ha diseñado como un conjunto mínimo de pasos e hitos que se deben tomar para darse cuenta de que el éxito.

Si eres un Recién Llegado: Utiliza este AYB Playbook para ayudarte a guiarte a través de las decisiones importantes y las principales metas que enfrentarás durante tu carrera en los 'Skilled Trades.'

Los Veteranos

Los veteranos militares se encuentran entre más valiosos activos humanos de este país. Si eres un veterano, la experiencia y la madurez que obtuviste como miembro de las Fuerzas Armadas de Estados Unidos te hace un enorme, y a veces sin explotar, recurso para nuestra economía. Teniendo en cuenta lo que has hecho por nuestro país, el resto de nosotros simplemente no podemos hacer más para pagar tu contribución y sacrificio para proteger nuestro modo de vida. AYB Playbook tiene la intención de ayudarte y a los otros veteranos a comenzar a ejecutar un plan de acciones concretas sobre cómo construir una exitosa carrera en los 'Skilled Trades.'

Si eres un Veterano: Utiliza este AYB Playbook para ayudarte en la transición a una carrera exitosa como civil. Tu formación de experiencias pasadas te permitirá saltar hacia adelante a una nueva carrera y este Playbook señalará los recursos adicionales disponibles para ti.

Los que Vuelven a Empezar (Restarter)

Todos los días, al parecer, leemos o vemos historias de personas que han sido despedidos de un trabajo que han estado haciendo durante años por una compañía que redujo tu fuerza de trabajo a través de la automatización, envió tu fabricación al extranjero, o salió del negocio conjunto. Con toda la agitación económica de los últimos años, muchos de nuestros conciudadanos se encuentran actualmente en paro (en busca de un nuevo trabajo / carrera) o subempleados (los trabajos de trabajo que pagan mucho menos y que difícilmente se basan en sus habilidades y capacidades acumuladas). A lo largo de nuestro país, también tenemos personas que han cometido errores en el pasado y ahora están tratando de recuperar tu estabilidad en la sociedad mediante la construcción de nuevos futuros que pueden hacer contribuciones significativas a sus comunidades y familias.

Si eres un Restarter: Utiliza este Playbook para ayudarte a que la transición en tu nueva carrera, mostrando s donde se puede saltar en función de tu formación y experiencia pasada.

Los Mejoradores (Upgraders)

Incluso si estás trabajando actualmente en los 'Skilled Trades,' puedes estar atrapado en un papel que limita sus aspiraciones por cualquier razón. A veces, cuando estás demasiado centrado en hacer el trabajo a mano y ganar un cheque de pago, con el que puedes pagar las cuentas, parece que no tienes tiempo para llegar por vía aérea. Esto puede suceder a cualquiera de nosotros, a pesar de que podamos conocer mejor y sabemos que deberíamos estar planeando para el futuro. Puede ser que tengas las habilidades y conocimientos para asumir más y moverte hacia arriba, pero no sabes cuales deben ser tus próximos pasos. Los AYB Playbooks están diseñados para que cualquier persona que trabaja actualmente en los 'Skilled Trades' pueda saltar al frente, por lo que pueden ajustarse con precisión o actualizar tu trayectoria.

Si eres un Upgrader: Utiliza este Playbook de "ver más allá" del día a día, de hacer el trabajo de manera que se puede considerar qué opciones de carrera están disponibles para ti y lo que es posible que tenga que hacer para rellenar un paso o habilidades perdidas y los pasos a seguir para empezar a ser tu propio jefe. Si ya eres un empresario y tienes en funcionamiento tu negocio, utiliza este Playbook para ayudar a guiar los miembros de tu equipo a que construyan tu carrera y lo utilicen para considerar medidas adicionales que puedan ayudar a conducir tu negocio a nuevas alturas.

No hay cosas tales como PODRÍA y DEBERÍA o HABRÍA (sin compromiso hacer). Si PODRÍA y DEBERÍA, se HABRÍA hecho.

—PAT RILEY

AYB PLAYBOOK ES PARA TI, SI . . .

Los AYB Playbooks están diseñados para aquellas personas que son exactamente lo contrario del tipo "PODRÍA, DEBERÍA o HABRÍA sin compromiso hacer." Si eres una persona que simplemente no va a renunciar cuando quieres algo y trabajas para ser resistente, los 'Skilled Trades' y este AYB Playbook son para ti. Si eres una persona que puede comprometerse a una realización de un proyecto—grande o pequeño—con dedicación para hacer un trabajo de alta calidad, los 'Skilled Trades' y este AYB Playbook son para ti. Si eres una persona que quiere hacerse cargo de tu vida y, con un montón de trabajo duro y perseverancia, aprender un conjunto de habilidades que serán de la demanda durante el resto de tu vida, los 'Skilled Trades' y este AYB Playbook son para ti. Si esto no suena a ti, los 'Skilled Trades' y este AYB Playbook no son para ti.

Recuerde: "Skilled Trades" son aquellos trabajos que requieren entrenamiento y conocimiento específico, como un carpintero. Gran parte del trabajo involucrado es trabajo manual y puede ser físicamente exigente.

CAPÍTULO 2 REPASO
AYB Playbook es para Ti, si . . .

AYB Playbook es para ti si eres uno de los siguientes:

» Recién llegado, los que entran en la fuerza de trabajo por primera vez

» Veteranos, los que entran en la fuerza laboral civil después de tu servicio militar

» Restarter, aquellas que buscan cambiar o restablecer tu trayectoria profesional

» Upgrader, aquellas que ya están trabajando en o son empresarios en un oficio, que quieren "llevarlo al siguiente nivel"

AYB Playbook es para ti, si...

• Simplemente no renuncias cuando las cosas se ponen difíciles

• Te comprometes con proyectos que terminan con dedicación para hacer un trabajo de calidad

CAPÍTULO 3

El Marco Mental AYB

ESTÁS AT YOUR BEST
cuando tu cabeza está firme
en el juego.

El error más grande que puedes hacer es creer que estás traba-jando para alguien más. La seguridad en el empleo se ha ido. La fuerza motriz de una carrera debe venir del individuo. Recuerda: Los trabajos son propiedad por la empresa, es dueño de tu carrera.

—EARL NIGHTINGALE

TODO COMIENZA CON "YOU, INC."

Donde quiera que esté tu carrera, me gustaría pedirle que te mires a ti mismo como un negocio llamado "You, Inc." Este es el primer elemento de la estructura mental AYB y se aplica si estás buscando a alguien para iniciar una 'Skilled Trades' carrera, o eres un empleado desde hace mucho tiempo. Estás "You, Inc." Si tu nombre es "Adam," entonces piensa en términos de que este AYB Playbook se trata de ayudar "Adam, Inc." sea un éxito.

En la Parte 2 de este AYB Playbook, You, Inc. va a representar como un empleado.

✓ "You, Inc." tiene servicios para vender: Tus habilidades, experiencia, profesionalismo y producto de trabajo

✓ Los clientes de "You, Inc." pagan por tus servicios: tu empleador y clientes

✓ El éxito de "You Inc." se basa en la ejecución: tu reputación de trabajo de alta calidad

Aquí es una cita directa de James M., un contratista y propietario de la pequeña empresa excelente en Kansas, uno de los expertos en la materia que creo que da en el blanco 100%.

"Todo el mundo es reemplazable. La única manera de llegar a ser menos reemplazable es que sea mejor, a trabajar más duro, y estar siempre mejorando tu arte. No tenga miedo de trabajo a domicilio todos a tu alrededor todos los días, durante todo el día sin buscar reconocimiento. Vendrá—no se preocupe.

✓ *Comprométete a trabajar a domicilio a tu alrededor*
✓ *Comprométete a mejorar tu artesanía*
✓ *Comprométete a ofrecer siempre calidad y valor a tu tripulación, tu empleador y tu cliente*

El reconocimiento y todo lo que va junto con él vendrá. ¿Por qué? Sencillo. Vendrá, ya que no tendrá competencia alguna y tu reputación te devolverá el dinero muchas, muchas veces más."

Este AYB Playbook es, en esencia, el plan comercial de "You Inc." para el éxito en los 'Skilled Trades.' El desarrollo de un plan de negocios antes de iniciar un nuevo negocio es siempre un ejercicio muy valioso. Para nuestros propósitos, nos centraremos en el concepto de que tú y tu carrera representa a una empresa llamada "You, Inc." y tu plan para el éxito es este AYB Playbook.

En la Parte 3 de este AYB Playbook, vamos a discutir cómo se puede poner en marcha un pequeño negocio como un artesano autónomo. En ese momento, te voy a preguntar por tu definición de "You, Inc." para incluir que ser autónomos y el crecimiento de tu nueva pequeña empresa.

You, Inc.

Tus Servicios	Tus Clientes	Tus Éxito
Habilidades	Clientes	Ejecución
Experiencia	Empleador	Reputación
Profesionalismo	Proveedores	Trabajo de alta
Resultados	Compañeros de	calidad
Tiempo	trabajo	

Cada uno de nosotros tenemos que vivir de acuerdo con nuestros principios básicos elegidos para ser feliz y exitoso en todo lo que hacemos. Elegir las mejores para ti y seguir con ellos.
—LARRY S., PROPIETARIO DE NEGOCIO PEQUEÑO, SEATTLE

3P+A = PERSONAS, PRESENTACIÓN, PROFESIONALISMO, Y ACTITUD

El siguiente concepto marco mental AYB que yo quiero pedirte internalizar es: 3P+A, que significa: Personas, Presentación, Profesionalismo y Actitud.

La primera "P" es siempre: **PERSONAS**

✓ El éxito de "You Inc." depende de lo bien que trabajes con otras personas

✓ Debes de ser capaz de comunicarse con y escuchar a otras personas

◊ *Comprometerse a dar siempre sus mejores esfuerzos hacia la construcción de relaciones positivas sólidas con las personas que le rodean*

La próxima "P" es: PRESENTACIÓN

✓ El éxito de "You Inc." depende de la calidad del trabajo de "You, Inc."

✓ Debes cumplir, y siempre que sea posible, superar las expectativas

◊ *Comprometerse a dar siempre sus mejores esfuerzos para entregar el producto del trabajo de más alta calidad que son capaces oferta*

La final "P" es: **PROFESIONALISMO**

✓ El éxito de "You Inc." depende de sus compromisos adquiridos y se reunieron

✓ Debes hacer lo que te comprometes a hacer, cuando te has comprometido a tenerlo completado, en la forma que se ha comprometido a hacerlo, y terminado con la más alta integridad personal

◊ *Se compromete a dar siempre sus mejores esfuerzos hacia ser un profesional en tu comportamiento, rendimiento y apariencia siempre que lo representa "You, Inc."*

Los tres P estan soportadas por "A," que significa: **ACTITUD**

✓ El éxito de "You Inc." depende de tu mejor actitud, todos los días, durante todo el día

✓ Debe reconocer que sólo puede controlar tu actitud y cómo reacciona a todo lo que hacer frente a diario

◊ *Comprometerse a tratar siempre de mantener una actitud positiva, proactiva, "puedo hacerlo" hacia lo que venga*

• (Digo, "tratar" porque sé que es una cosa muy difícil de hacer todo el tiempo. Sólo sé que cuanto más se "intenta," el mejor será al tener que, proactivo, "puedo hacerlo" positivo actitud cuando realmente cuenta.)

EL ÉXITO CON 3P+A

El éxito en cualquier cosa depende de muchos factores, algunos pueden ser controlados y otros no. Los factores que no se pueden controlar es mejor dejar a la suerte, el destino, y la planificación sólida para proteger tu lado negativo. Sin embargo, para aquellos factores que se pueden controlar, se debe a sí mismo para mantener siempre la siguiente parte superior de la mente:

Sólo puedes controlar tu esfuerzo y tu actitud, sin importar lo que venga.

Recuerda, hay muchas cosas que pueden y sucederán a lo largo de tu día que no se puede controlar. Sin embargo, hay dos cosas que puedes controlar que harán toda la diferencia en el éxito de "You, Inc."

✓ Sólo se puede controlar el esfuerzo que puso en tu éxito

  • ¿Estás poniendo en sus mejores esfuerzos hacia su:

    ◊ ¿Personas?

    ◊ ¿Presentación?

    ◊ ¿Profesionalismo?

✓ Sólo se puede controlar tu actitud

  • ¿Estás dejando que el "pequeñas cosas" de obtener la vida en el camino del éxito de "You, Inc."?

  • Recuerde: Un momento de temperamento lleva días para reparar

A lo largo de tu carrera, es necesario reconocer que el esfuerzo que puso adelante en cada tarea y la interacción construye y afecta a tu reputación como un artesano.

✓ Controlar la forma que elija para interactuar con la gente en el lugar de trabajo. Diferenciarse por cómo se trata y qué tan bien se trabaja con:

  • Tu empleador

  • Tus clientes de tu empresa

  • Tus compañeros de trabajo

- Tus empleados
- Tus proveedores

✓ Controlas la calidad de cada tarea y trabajo que completas. Diferenciarse con tu desempeño consistentemente superior y actitud "puedo hacerlo"

✓ Controlas la imagen que das de sí mismo y tu empresa con cada interacción que tiene cuando se está en el trabajo como fuera. Diferenciarse a través de tu profesionalismo y tu actitud positiva

✓ Controlas cómo reacciona a lo que la vida lanza tu manera. Todo el mundo se da cuenta de cómo hacer frente a lo bueno, lo malo y lo feo. Diferenciarse con actitud positiva por encima de todo

3P +A

Personas
Trabaja bien con otros
Comunícate bien
Escuchar más
Relaciones positivas

Profesionalismo
Compromisos hechos y cumplidos
La mejor calidad posible
Comportamiento e Integridad
Apariencia personal

Presentación
Calidad del trabajo entregado
Alcanza y superar expectativas
Da tu mejor esfuerzo

Attitude
Controlarla todos los días
Trae la mejor actitud
Espíritu positivo "Yo Puedo"

No tengo talentos especiales. Solo soy apasionadamente curioso.

—ALBERT EINSTEIN

LA CURIOSIDAD: UN ESTADO IMPORTANTE DE LA MENTE

Hay una letra más que pensar a medida que trabaja en "You, Inc.," y que es "C" para la curiosidad. A medida que de niños siempre estábamos preguntando y preguntando 'por qué,' o 'qué,' o 'cómo' las cosas funcionan o se producen. Mantener la curiosidad de lo que está sucediendo a tu alrededor le dará la oportunidad de seguir aprendiendo y cultivar nuevas ideas. La curiosidad es el motor que impulsa la innovación. La curiosidad mantiene tu mente activa y le permite convertir las ideas en acción. Hay algo muy satisfactorio que viene con la identificación de una oportunidad y dar con una solución.

La forma más fácil de entrenarse para ser curioso constantemente es estar preguntando constantemente. Nadie tiene todas las respuestas, pero los que tienen éxito a menudo saben qué preguntas hacer y a quién preguntar para ayudar a encontrar nuevas ideas y enfoques que resultan en soluciones innovadoras y oportunidades. Comenzarás a ver nuevas posibilidades que pueden no ser inmediatamente visibles hasta que mirar debajo de la superficie. Convertir la curiosidad en una ventaja competitiva importante para "You, Inc." y divertirse en el proceso.

"You, Inc." eres tú y eres el CEO de "You, Inc." Eres el encargado de dirigir "You, Inc." para estar listo para aprovechar las oportunidades y ser capaz de superar los contratiempos que se presenten. Prestar atención a lo que está sucediendo a tu alrededor y tratar de entender por qué está sucediendo para que pueda determinar la acción correcta a tomar.

Si la curiosidad no es algo que viene naturalmente a ti, no te preocupes. La creación de tu naturaleza curiosa es como la construcción de un músculo—hacer un poco a la vez coherente, aumentando la carga de vez en cuando, y obtendrá resultados.

Por ejemplo, comenzar a tratar de entender la oportunidad para carpinteros en tu mercado local. Éstos son algunos ejemplos de preguntas que puedes preguntarse:

✓ ¿Es la economía en tu ciudad creciendo o disminuyendo? ¿Es probable que se vuelva pronto?

  • La respuesta le ayudará a guiar sus decisiones sobre si se debe perseguir que la carrera como carpintero en tu ciudad o si tiene que trasladarse a otro lugar

✓ ¿Hay una gran cantidad de obras de construcción de nuevas apareciendo a medida que circula por la ciudad?

  • Si es así, eso significa que habrá una gran cantidad de oportunidades de trabajo en tu área

✓ ¿Qué contratistas parecen tener más señales en los sitios de trabajo y tienen más camiones en las carreteras mostrando tu logotipo de negocio en las puertas?

  • Estos son los contratistas que debe ponerse en contacto por primera vez en tu búsqueda de empleo, ya que son más propensos a estar en necesidad de más carpinteros más pronto

Guía a tu imaginación a preguntas y respuestas para aprender más sobre lo que cree que es importante para ti, el éxito futuro de "You Inc." En los próximos capítulos de este AYB Playbook, habrá muchas otras preguntas que le pedirá tu curiosidad. Al llegar a las preguntas que no puede responder, preguntar a alguien, o sacar el teléfono inteligente y hacer una rápida búsqueda en Google, o ponerse a prueba para averiguarlo.

Imagínate todas las formas en que "You, Inc." se beneficiará al ser dirigido activamente por tu curiosidad en tu carrera. Piensa en lo valioso que será a tu carrera para siempre estar buscando activamente nuevas habilidades, cosas nuevas para hacer el trabajo, los nuevos materiales a utilizar, o nuevos enfoques para viejos problemas de aprender y dominar. Se curioso, involucra tu mente, toma medidas, y disfruta del paseo.

VIDA "A PRUEBA DE FUTURO" CON TU CARRERA EN UN "SKILLED TRADE"

La incertidumbre de la vida es una de las únicas constantes reales que todos tenemos que lidiar con no importa el lugar donde vivimos. Nuestros locales, estatales, y las economías nacionales continuarán yendo a través de sus ciclos de subidas y bajadas. Las empresas van a prosperar o fracasar como siempre han hecho y siempre lo hará. Los empleados seguirán siendo despedidos o subcontratado o reducido dependiendo de varios factores.

Puede ser poco lo que puede hacer para detener la vida desde la presentación de ti y tu familia sean cuales sean las dificultades económicas pueden venir debido al próximo ciclo hacia abajo. Sin embargo, no está en tu poder para decidir cómo vas a cumplir y superar los obstáculos provocados por que la próxima recesión.

La ley de la oferta y la demanda tiene mucho que ver con si se puede encontrar el trabajo que desea y cuánto va a ganar dinero en tu mercado local. El 'Skills Gap' creciente en todo el país significa que hay una demanda cada vez mayor para las personas con los conocimientos adecuados y experiencia para puestos de trabajo abiertos, llenos necesarios que pagan el aumento de los salarios de la clase media. Incluso en las profundidades de la recesión más reciente importante, todavía hay millones de puestos de trabajo vacantes en los EE.UU. que estaban fácilmente disponibles para la gente con las habilidades y experiencia para hacerlas. Cuando los tiempos son buenos, prepárese con habilidades, capacitación y experiencia para sobrellevar la siguiente recesión.

Preparado para el futuro de tu carrera mediante la adquisición de las habilidades y experiencia—y la adopción de la mentalidad de un artesano en los 'Skilled Trades.' Las carreras en los "Skilled Trades" son aquellos trabajos que requieren entrenamiento y conocimiento específico, como un carpintero. Tus habilidades y experiencia son portátiles y es probable que sea una gran demanda en otro lugar en los EE.UU. Tu reputación y actitud como un artesano servirán para proteger tu lado negativo cuando tu cuadro económico cambia inesperadamente. Sus opciones son limitadas solamente por los requisitos que coloque sobre dónde buscar para sus próximas oportunidades.

El ser un artesano significa que tienes habilidades valiosas y experiencia. Esto significa que "este" es más que un trabajo. Esta es tu profesión, tu llamando a tu misión.

—GARTH B., CONTRATISTA, ATLANTA

AT YOUR BEST COMO ARTESANO*

En los 'Skilled Trades,' tienes una opción cada día:

✓ Aprender las habilidades y hacer el trabajo para tener un trabajo para ganar un cheque de pago

– o –

✓ Aprender las habilidades y hacer el trabajo para convertirse en un artesano para construir una carrera en una fundación de entregar el producto de trabajo más alta calidad, mientras que el aumento de tu valor con tu empleador / cliente

At Your Best trata de elegir lo que es correcto para ti en cualquier punto dado en tu vida y tu carrera. Ya sea que tu elección es para asegurar que siempre se puede encontrar un trabajo que viene con un cheque de pago o sólido que es construir una carrera que con el tiempo potencialmente se puede convertir en una pequeña empresa, los 'Skilled Trades' puede ser tu camino. Este AYB Playbook está diseñado para ayudarle a hacer que esto suceda, no importa donde ti vive en los EE.UU. y no importa dónde estás en tu vida laboral. ¡Hay más de seis millones de puestos de trabajo vacantes que hay ahora y uno de ellos puede muy bien ser la tuya!

Tomar la decisión de convertirse en un **Artesano**, sin embargo va mano a mano con quién se comete a estar **At Your Best**. Con la mentalidad de un artesano, tu enfoque es cada día en mejorar sus habilidades para que tu producto de trabajo siempre sea de la más alta calidad. Esto es "una victoria" para todo el mundo para ti, para tu empleador, y para sus clientes. La adopción de la mentalidad de un Artesano:

✓ Una mayor satisfacción y el orgullo de lo que haces
✓ Una reputación basada en la entrega del producto de trabajo más alta calidad
✓ La oportunidad de maximizar sus ganancias en cualquier trabajo
✓ Hacer aparte tu competencia en cualquier trabajo de cualquier nivel
✓ Convertirse en el empleado que buscas y que los empleadores quieren mantener y hacer crecer en habilidades y valor a tu empresa

*AYB Playbook y www.AtYourBest.com utilizan el término "Artesano" en lugar de un término genérico o de género neutro, ya que es de larga aceptado y comúnmente entendida como "una persona que es muy hábil en un comercio." Por favor, acepta esta convención a ser breve y para minimizar la confusión. Gracias.

AT YOUR BEST COMO MUJER EN LOS 'SKILLED TRADES'

Los 'Skilled Trades' permita que las mujeres enormes oportunidades para desarrollar carreras fructíferas, de larga duración y bien remunerados. La realidad de la "los 'Skills Gap'" y el déficit resultante de más de seis millones de puestos de trabajo vacantes en los EE.UU., hace de género en la contratación, en el lugar de trabajo y en la cuestión de qué carrera para perseguir—tan irrelevante como debería haber sido siempre.

El cultivo de las filas de las mujeres en los 'Skilled Trades' tiene que ser una prioridad absoluta para los empleadores, educadores y funcionarios públicos si alguna vez la esperanza de superar Skills Gap. El doble, estigmas sociales de minimizar el valor de una carrera en los 'Skilled Trades' junto con descartar la noción de las mujeres en los 'Skilled Trades' tienen que morir una muerte rápida y permanente. Como país y como economía, no podemos permitir que más del 50 por ciento de nuestra población a ser relegado a un segundo plano cuando existan tales posibilidades de cambiar radicalmente la vida de tantas personas y sus familias.

- ✓ Estar **At Your Best** significa centrarse en lo que es realmente importante para crear el mejor "You, Inc." en el comercio especializado de tu elección, para ti, para tu familia, y, por tu empleador y / o tu cliente
- ✓ Estar **At Your Best** medio de trabajo duro para ponerse en la mejor posición para maximizar tu potencial de ingresos y de entregar el producto del trabajo más alta calidad en cada etapa de tu carrera
- ✓ Estar **At Your Best** significa que el carácter y el presentación de una persona es lo que importa

Como mujer teniendo en cuenta los 'Skilled Trades,' saber que tienes la oportunidad de estar en la vanguardia de un muy necesario cambio de paradigma. Las habilidades y experiencia no tienen género. Todo se reduce a ser capaz de hacer bien el trabajo y estar At Your Best.

CAPÍTULO 3 REPASO
El Marco Mental AYB

» Comenzar a pensar en sí mismo como un negocio que llama, "You, Inc."

• "You, Inc." tiene servicios para vender—su tiempo y producto de trabajo

• "You, Inc." tiene clientes que pagan por sus servicios, tu empleador y clientes

• El éxito de "You Inc." se basa en la ejecución y de alta calidad de trabajo

» La única manera para ser más altamente valorado y menos reemplazable es ser mejor, trabajar más duro, y siempre estar mejorando tu arte

» 3P+A es una crítica **At Your Best** concepto de estructura mental

• Personas—Tu éxito depende de lo bien que se comunica, escuchar y trabajar con otras personas

• Presentación—Tu éxito depende de la calidad de tu trabajo y siempre que sea posible superar las expectativas

• Profesionalismo—Tu éxito depende de tu hacer lo que se compromete a hacer, cuando se ha comprometido a hacerlo, de la manera que prometió, con la más alta integridad personal

• Actitud—Tu éxito depende de que traer tu mejor esfuerzo, positivo, actitud de poder hacer todos los días, todo el día

» Sólo puedes controlar tu esfuerzo y tu actitud

» Convertirse en un artesano en la construcción de tu carrera con una reputación sólida al entregar siempre el producto de trabajo más alta calidad

- Estar al margen de la competición
- Maximizar tu potencial de ingresos

PARTE 2:

AT YOUR BEST COMO CARPINTERO: CONVERTIRSE EN UN JUGADOR DE CLASE MUNDIAL

Ahora que hemos sentado las bases para el saldo de este AYB Playbook, vamos a pasar a lo que se necesita para convertirse en un carpintero éxito y construir una gran carrera. La Parte 2 se divide en tres sub-partes, que se corresponden con las etapas que un atleta de clase mundial podría pasar para alcanzar tu máximo potencial. Primero se tiene que elegir el deporte que es correcto para uno y para que se comprometan plenamente a convertirse en el mejor que puede ser. Luego, aprendizaje, práctica y ejecución de las habilidades y la experiencia que necesitan para competir y sobresalir. Por último, utilizan ese fundamento de la educación, habilidades y experiencia junto con la concentración mental para convertirse en el mejor en tu deporte elegido que pueden ser de elevarse por encima de tu competencia.

Transformate a un Jugador de Clase Mundial

Habilidades y Experiencia + Foco Mental y Disciplina

Aprender -> Practicar -> Ejecutar

y Repetir... y Repetir... y Repetir

Ahora, tenga en cuenta que tú y "You, Inc." es ese atleta de clase mundial en ciernes. La Parte 2 de este AYB Playbook expone las tres etapas de "You, Inc." hacerse carpintero artesano:

A) Convertirse en un carpintero es "correcto" para "You, Inc.":
   Capítulo 4 le proporcionará:
   ✓ Una visión general de una carrera como carpintero
   ✓ Una discusión de por qué y cómo llegar a ser un carpintero
   ✓ Una vista de las opciones de carrera que existen para
      carpinteros
   ✓ Un desglose del potencial de ingresos para los carpinteros

B) Que debe tener la educación, habilidades y experiencia para
   "You, Inc." para sobresalir como un carpintero: Capítulos 5 y 6
   se presentarán:
   ✓ Un desglose de los pasos para convertirse en un carpintero

✓ recursos locales y en línea que puede utilizar en cualquier lugar de los EE.UU. para acceder a la educación fundamental y la formación que se necesita para tener éxito

✓ Una hoja de ruta para ayudar a encontrar trabajo como carpintero para que pueda practicar y habilidades y construir tu carrera como carpintero

C) Aprovechando la ejecución de alto nivel y la concentración mental, el camino de "You Inc." para convertirse en un artesano: Capítulo 7 y 8 expondrán:

✓ Un conjunto concreto de acciones a tomar y entendimientos para internalizar para asegurarse del éxito de "You, Inc." a largo de tu carrera

✓ Ideas y consejos de gente que todos admiran para ayudarle a mantener o recuperar un enfoque mental positivo y al estar At Your Best sin importar lo que puede estar pasando

CAPÍTULO 4

Descripción de la Carrera: Carpintero

ESTÁS AT YOUR BEST
cuando sabes por qué deseas establecer un objetivo específico por ti mismo y lo que alcanzar ese objetivo va a hacer por ti.

Mida dos veces, corte una vez.
—CADA CARPINTERO EXPERTO DESDE LA INVENCIÓN DE LA
SIERRA

DESCRIPCIÓN DE LA CARRERA: CARPINTERO

Los carpinteros son la columna vertebral de la industria de la construcción. Los carpinteros construyen, erigen, instalan y fijan los marcos y estructuras hechas de madera y otros materiales.

Siempre hay una demanda de un carpintero experto en alguna parte. No importa la situación económica en cualquier mercado local, en algún lugar un cliente potencial está desesperado por un carpintero profesional experto para completar un proyecto. También carpintería no es una profesión que puede ser fácilmente automatizado o subcontratado en el extranjero.

¿POR QUÉ SER UN CARPINTERO?

Cada proyecto de construcción o remodelación que se emprende tiene uno o más carpinteros en el centro de la acción. Al ser un hábil carpintero que ofrece quizás la más amplia gama de posibles opciones de carrera en los 'Skilled Trades' de la construcción. Por otra parte, siendo conocido como un hábil artesano, con un historial probado y reputación de un trabajo de calidad, que le distingue de tu competencia en cualquier trabajo y le da la oportunidad de maximizar tu potencial de ingresos.

Si quieres trabajar para otra persona como miembro del equipo en un lugar de trabajo o si desea potencialmente ser el contratista / propietario gestionar el sitio de trabajo; ser un hábil carpintero es una forma comprobada de éxito. Si se puede o no puede encontrar trabajo en tu área local, siendo un hábil carpintero le ofrece una de las mayores oportunidades para encontrar trabajo bien remunerado en otro lugar en los EE.UU.. Si quieres llegar a ser el mejor carpintero general o el mejor en un papel especializado relacionado carpintería, siendo un hábil carpintero le ofrece entre la más amplia gama de carreras profesionales especializados para elegir en los 'Skilled Trades.'

CARPINTERO: RESPONSABILIDADES DE TRABAJO

Los carpinteros tienen una amplia variedad de responsabilidades dependiendo de la función y el trabajo específico. Sin embargo, como mínimo, un carpintero debe ser capaz de hacer fácil y efectivamente lo siguiente:

- ✓ Leer y seguir los cianotipos y los planos de construcción
- ✓ Medir, cortar y dar forma a la madera y otros materiales con precisión
- ✓ Unir y ensamblar la madera y otros materiales
- ✓ Instalar estructuras y accesorios como ventanas y puertas
- ✓ Erigir, nivelar, e instalar estructura del edificio

✓ Inspeccionar, reparar, reemplazar y marco dañado u otras estructuras

✓ Armar andamios y escaleras cuando sea necesario

✓ Verificar y asegurar la precisión del trabajo y ajustar según sea necesario

✓ Seguir la dirección de los supervisores, así como mano de obra directa

CARPINTERO: MÍNIMO REQUERIDO, HABILIDADES Y CAPACIDADES

Hacerse carpintero exitosa primera requiere que tú adquiera el conjunto mínimo de conocimientos y la experiencia que se le permitiera incluso en un sitio de trabajo. Vamos a discutir la forma de aprender esas habilidades y adquirir esa experiencia un poco más tarde. Por ahora, tenga en cuenta la siguiente lista como una lista de verificación esqueleto de lo que se necesita para dominar sólo para tomar tu primer paso en tu nueva carrera:

✓ Sólida comprensión de las matemáticas básicas

✓ Fuerza física para usar, mover, y llevar objetos pesados

✓ Ser detallado, orientado y consciente del trabajo y entorno

✓ habilidades de comunicación del lugar de trabajo eficaces, verbales y escritas

✓ Utilizar una amplia gama de herramientas manuales y eléctricas con seguridad y eficacia

✓ Capacidad para comprender tanto la instrucción oral y escrito

✓ Leer y comprender los manuales y documentos relacionados con el trabajo

✓ Razonar y resolver problemas cuando algo no está bien

✓ Gestionar del tiempo para completar las tareas dentro de período de espera

✓ Capacidad de visualizar un proyecto y sus pasos en cuanto a cómo se va a trabajar o buscar de antemano

✓ Trabajar e interactuar bien con los demás

✓ Concentración en tareas sin distracciones

✓ Considere los beneficios de costo vs. de hacer algo antes de hacerlo

CARPINTERO: CONDICIONES DE TRABAJO

Como se puede imaginar, las condiciones de trabajo y los requisitos de la obra varían ampliamente para cada carpintero en cada sitio, todos los días, y durante toda la jornada laboral. Aun así, se puede esperar alguna combinación de los siguientes:

Condiciones del Lugar de Trabajo:

✓ El trabajo realizado en su mayoría es al aire libre en altas y bajas temperaturas

✓ equipo peligroso: herramientas manuales y eléctricas y equipo pesado

✓ Los materiales peligrosos: disolventes, aislamiento, pinturas, y contaminantes

✓ alturas peligrosas: escaleras, andamios, e inestable, lugares altos

✓ Obligados a llevar ropa protectora y accesorios

✓ Trabajar en lugares cerrados, apretados independientemente de las condiciones

✓ Los altos niveles de ruido e incómodas

✓ Principios de las horas de inicio y finalización a menudo tarde de un día de trabajo típico

Demandas Físicas:

✓ Ascensor, tirar, empujar, cargar y sostener objetos pesados durante toda la jornada laboral

✓ Usar y maniobrar herramientas manuales y eléctricas en todos los ángulos

✓ Bend, pararse y caminar todos los elementos pesados del día a menudo llevan

✓ Ser físicamente activo durante todo el día sin cansarse o experimentar limitaciones

✓ Arrodillarse, arrastre, agacharse, y acuclillarse en espacios confinados

✓ Mantener el equilibrio mientras está en posición inestable por un tiempo prolongado

✓ Destreza para llevar a cabo tareas manuales difíciles en espacios confinados

CARPINTERO: POTENCIAL DE INGRESOS

El ingreso de tu potencial como un carpintero experto variar dramáticamente de mercado local para el mercado local y en función del nivel de habilidad / experiencia y especialidades. At Your Best va a seguir haciendo hincapié en que, al adoptar y verdaderamente internalizar la mentalidad de un artesano, serás capaz de maximizar sus ingresos como carpintero.

Promedio de Ingresos Nacional de EE.UU.
en el 2016 por un carpintero:
Altos ingresos: $ 79.480
Ingreso medio: $ 43.600

Fuente: Departamento de Trabajo
de EE.UU.–2016

Sin embargo, en lugar de perder tu tiempo hablando de niveles de ingreso promedio nacional que en realidad no se aplica a ti, el siguiente le guía a través de la forma más fácil, más rápido que encontré para ver lo que se puede ganar como carpintero, dondequiera que vivan en el Estados Unidos, utilizando CareerOneStop.org. Es un gran sitio web que ofrece el Departamento de Trabajo de Estados Unidos que presenta los datos actuales y los recursos en tu área local. Nosotros vamos a usar y en referencia a CareerOneStop.org un poco en la Parte 2 de este AYB Playbook.

Al escribir estas líneas, el proceso CareerOneStop para encontrar los rangos de ingresos para las carreras relacionadas con la carpintería— cerca de ti es:

1. Ir www.CareerOneStop.org
2. Haz clic en "Toolkit"
3. En "Wages" haz clic en "Salary Finder"
4. Entra a "Carpenter" en "Search by Occupation"
5. Introduce donde vives o mueve en "Location"
6. Haz clic en "Search"
7. Si sólo consideras rangos de Estados Unidos, solo entra en otro, más grande de la ciudad cerca de la ubicación que estás considerando.

Herramienta Rápida AYB: Ir www.AtYourBest.com y haz clic en "Herramienta Rápida AYB" (AYB Quick Tools), donde encontrará un buscador de enlace de salario. Las instrucciones adjuntas al enlace de herramienta rápida AYB siempre estará al día y listo para usar.

CARPINTERO: OPCIONES DE TU CARRERA

Como se señaló anteriormente, comenzando tu carrera como carpintero le da una gran flexibilidad en cuanto a la especialización y la posible carrera pistas a seguir. Algunas de las carreras que se basan en unas habilidades básicas de carpintería y experiencia incluyen:

✓ Carpintero de construcción

✓ Carpintero rudo

✓ Ebanista

✓ Tratamiento de la madera fina y molino

✓ Fabricante de Prop / Modelaje / Pantalla / Prototipo

✓ Constructor de Botes / Barcos / Buques

CONVERTIRSE EN CARPINTERO: ¿ES PARA TI?

Si se preguntan, este es uno de los "Momentos de Kitchen Table" que te llevará a una decisión muy importante. Tienes que hacer un poco de auto-reflexión para decidir si hacerse carpintero es adecuado para ti. No hay atajos.

Conoce al menos los conceptos básicos necesarios para convertirse en un carpintero. Aun así, tendría mucho sentido para explorar y entender mejor lo que se necesita para tener éxito. Aquí hay algunas avenidas que podría considerar para decidir si una carrera como carpintero es para ti:

Amigos y Familia   Pregunta por ahí. Alguien que conoces probablemente es o conoce a un carpintero exitoso que estaremos encantados de responder a sus preguntas acerca de lo que es, lo que se necesita, y cómo hacerlo.

YouTube   Siéntate a ver algunos videos. ¡Hay un sinnúmero de vídeos disponibles que pueden proporcionar información sobre cualquier aspecto de la profesión de carpintería. ¡Aprovechar todo lo que el consejo gratis! También puede consultar información adicional de gran valor en el vídeo y cómo—a sitios como: Vimeo, WikiHow, eHow, y de Instructables.

Oficina Local de Sindicato

Visita el sindicato de carpinteros locales. Dada la escasez de carpinteros en los EE.UU., se encuentra la oficina del sindicato está dispuesto a ayudar a aprender más.

Pruebas de Evaluación

Tome una prueba de habilidades y evaluación de intereses. Hay muchas maneras de experimentar las habilidades y las pruebas de evaluación de interés. Ya sea en la escuela o en línea o en una oficina de la agencia de empleo local o algún otro lugar, estas pruebas de evaluación son fáciles y rápidas para tomar. No hay respuestas correctas o incorrectas. Los resultados simplemente le dan una idea de los intereses y las carreras que tú podría considerar llevar a cabo otras.

Aquí hay un par de pruebas de evaluación que se pueden realizar en este momento:

Interés perfilador O*NET en mi próximo movimiento:

✓ Ir www.MyNextMove.org

✓ Simplemente haz clic en "Next" en la parte inferior izquierda y siga las instrucciones

✓ Al responder a una serie de preguntas fáciles de respuesta, al final se te presentará una serie de posibles opciones de carrera que se adapten a sus intereses

Evaluación interés y habilidades en Matcher CareerOneStop:

✓ Ir www.CareerOneStop.org

✓ En "Explore Career" haz clic en "Self-Assessments"

✓ Ahora, siga las instrucciones para la "Interest Assessments" y el "Skills Matcher"

✓ A obtener los resultados inmediatamente después de responder la última pregunta

CAPÍTULO 4 REPASO
Descripción de Carrera: Carpintero

» Carpinteros son la columna vertebral de la industria de la construcción.

» Los conocimientos y la experiencia necesarios para convertirse en un carpintero éxito se obtienen con el tiempo de trabajar en muchos proyectos y sitios de trabajo. Se construyen sobre una base de conocimientos básicos y habilidades que cada carpintero debe tener, incluyendo:

- Sólida comprensión de las matemáticas básicas
- La fuerza física para usar, mover, transportar objetos pesados
- habilidades de comunicación del lugar de trabajo eficaces, verbales y escritas
- Capacidad para utilizar una variedad de herramientas de mano y eléctricas con seguridad y eficacia
- Razonamiento y habilidades de resolución de problemas

» Al decidir sobre si hacerse carpintero es para ti, tenga en cuenta:
- Pidiendo a sus amigos y familiares, que puede ser un carpintero o ser en los 'Skilled Trades' o sabe alguien que es
- El uso de YouTube y la web para obtener un mejor conocimiento sobre cómo convertirse en un carpintero
- Visitar una oficina de sindicato
- Tomando una prueba de habilidades o evaluación interés

Camino para Convertirte en Carpintero

ESTÁS AT YOUR BEST
cuando sabes los pasos que debes tomar para lograr un objetivo y por qué son importantes para la realización de tu objetivo.

CÓMO CONVERTIRSE EN CARPINTERO

El proceso de convertirse en un carpintero exitoso ocurre durante un número de años a medida que aprende las habilidades necesarias y adquirir experiencia que lo distinga como un verdadero artesano. Adquieres las habilidades y experiencias mientras se mueve a través de las etapas de la construcción de la carrera de un carpintero éxito. Con un plan de juego y mucha práctica, puede progresar desde las ligas menores en los profesionales. Sin embargo, si va a estar **At Your Best** en tu carrera como carpintero, primero debe pensar en conseguir una educación sólida.

Las siguientes páginas trazan las etapas que se puede esperar para atravesar, así como la educación que se necesita para construir tu carrera como carpintero. También aprenderá cómo encontrar los tipos de programas educativos y de aprendizaje que le ayudarán a poner en marcha tu carrera.

LAS ETAPAS DE LA CARRERA DEL CARPINTERO

Siempre hay excepciones a la regla, pero con el fin de establecer expectativas realistas, lo siguiente da una idea de lo que se necesita para construir una carrera como un hábil carpintero. Convertirse en un carpintero no requiere una licencia estatal. No hay ningún requisito de educación jurídica que le para de iniciar tu carrera en carpintería como, por ejemplo, un ayudante / peón y luego tu forma de trabajo. Sin embargo, esto no va a ser el camino más fiable para estar **At Your Best** como carpintero. Para estar **At Your Best**, es necesario invertir en la construcción de una base sólida para "You, Inc."

En términos generales, la carrera de un carpintero se puede dividir en cuatro etapas:

Primera Etapa:	Ayudante de carpintero / Pre-aprendiz
Segunda Etapa:	La educación profesional / aprendiz de carpintero
Tercera Etapa:	Carpintero "Journeyman"
Cuarta Etapa:	Carpintero "Maestro"

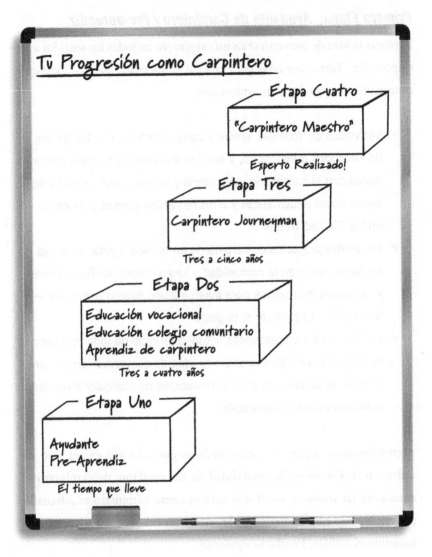

Tu Progresión como Carpintero

Etapa Cuatro

"Carpintero Maestro"

Experto Realizado!

Etapa Tres

Carpintero Journeyman

Tres a cinco años

Etapa Dos

Educación vocacional
Educación colegio comunitario
Aprendiz de carpintero

Tres a cuatro años

Etapa Uno

Ayudante
Pre-Aprendiz

El tiempo que lleve

Primera Etapa: Ayudante de Carpintero / Pre-aprendiz

Explorar la idea de convertirse en un carpintero en todos los sentidos a tu disposición. Tomar medidas para saber si es adecuado para ti. Deje que tu imaginación conducir tu exploración.

✓ Ver vídeos de YouTube, unirse y comprometerse con los grupos de Facebook e Instagram, y leer las discusiones en línea relacionados con la carpintería, carpintería y construcción, además de temas como matemáticas y otros requisitos previos para entrar en los 'Skilled Trades'

✓ Encuentra proyectos de carpintería en la casa o para un amigo en necesidad o en la comunidad y luego utilizar YouTube, Vimeo y / o videos instructivos para guiarse a uno mismo para completar el proyecto para ver si te gusta

✓ Hablar con los comerciantes actual o retirado de todo tipo para conseguir tu perspectiva sobre tu idea de convertirse en un carpintero. Si lo han sido en la construcción de cualquier nivel, tendrán información inestimable

A continuación, seguir tomando medidas por salir allí en un sitio de trabajo real. Considera la posibilidad de un ayudante de carpintero—ensuciarse las manos y ver si una carrera como carpintero es adecuado para ti. No hay educación o la experiencia más valiosa que realmente está haciendo el trabajo. Prueba lo siguiente:

1. Identifica en Google los negocios de tu ciudad o área que va a acercarse y aprender todo lo que pueda sobre ellos, el tipo de trabajo que hacen y sus competidores

2. Arma una sencilla conversación de 3–5 minutos explicando / describiendo de por qué quieres ser un ayudante / trabajador en

sus sitios de trabajo. Se claro, estás comprometiéndote a trabajar duro, llegar a tiempo y hacer lo que sea necesario para
aprender lo que es llegar a ser un carpintero éxito

3. Practica a tu "paso" hasta que estés cómodo con lo que quieres
   decir. Hazlo delante de un espejo un par de veces. Te sorprenderás de cuánto vas a aprender y mejorar

4. Ahora, toma la acción de ir a la oficina de tu futuro empleador
   o un sitio de construcción y pregunta por el trabajo y mantén la
   adopción de medidas hasta que tengas éxito

5. Estás **At Your Best**. Tienes un plan. Ahora, tu plan de trabajo

EL CERTIFICADO DE PACT

PACT es sinónimo de Formación Certificado de Pre-Aprendizaje (Pre-
Apprenticeship Certificate Training). Si no puedes entrar en un programa de aprendizaje debido a tu falta de experiencia o alguna otra razón,
podrías considerar comenzar como ayudante en un equipo de construcción para aprender lo que se necesita para ser un carpintero mientras que
tú gana un certificado PACT. Puedes ponerte en contacto con tu oficina
de empleo o edificio de la sala oficios sindicato local para más detalles.
Además, no se te olvide preguntar a los demás en el equipo de construcción. Lo más probable es que se te puede dirigir en la dirección correcta
y por la ruta más rápida para obtener tu certificado.

Tiempo para completar Certificado PACT:

Aproximadamente 3–12 meses, dependiendo de muchos factores, incluyendo tu conocimiento empezando y tu capacidad y compromiso para
aprender lo que necesita para pasar a la siguiente etapa. La cantidad
de tiempo necesario para garantizar tu certificado puede también
depende de cómo los saldos de los patrocinadores del programa, más o
menos en el puesto de trabajo frente a más o menos formación en el

aula, así como si tienen una ranura de trabajo listo para llevarlo en terminación.

Segunda Etapa: La educación Profesional y/o de Aprendizaje

Con un diploma de escuela secundaria o tu equivalente como el GED, puede inscribirse en una escuela profesional, técnica o universidad de la comunidad, que puede o no estar asociada con un programa de aprendizaje.

Una educación escuela profesional requerirá uno a dos años para ganar tu certificación de finalización. Un grado asociado colegio comunitario tomará dos años para completar. Y, el típico programa de aprendizaje requerirá cuatro años en completarse. En algunos casos, el programa de aprendizaje puede estar asociado con una escuela profesional local o en un colegio de la comunidad, donde se combinan los programas educativos y aprendiz en una sola, por lo que necesita para investigar tu mercado local. Cada programa local será diferente, pero en muchos, muchos casos el costo para ti puede llegar a ser cero. Vamos a discutir cómo ir sobre cómo encontrar programas en tu área local poco.

Tiempo para completar la formación profesional o universidad de la comunidad:
Hasta 2 años

Tiempo para completar el aprendizaje de carpintería:
3–4 años, que pueden incluir el tiempo dedicado a la obtención del título universitario de la escuela / comunidad profesional.

Tercera Etapa: Carpintero "Journeyman"

Después de haber completado tu aprendizaje o formación profesional, tendrá que ir a tu oficina del sindicato agencia de mano de obra o construcción para tomar y pasar las pruebas de certificación de sus habilidades y conocimientos para ser certificado como oficial carpintero "Journeyman."

Tiempo para completar oficial:
tu elección en función de sus objetivos de carrera ya que al ser un carpintero oficial ofrece una gran flexibilidad con los tipos de puestos de trabajo y los empleadores que buscan carpinteros en la parte superior de tu juego. En otras palabras, se puede optar por seguir siendo un carpintero oficial para el resto de tu carrera y hacer excepcionalmente bien.

Cuarta Etapa: Carpintero "Maestro"

En primer lugar, no existe una certificación real, oficial en los Estados Unidos por un "maestro carpintero." Sin embargo, puede ser reconocido dentro de un mercado local como un "maestro carpintero" como se puede subir en las filas para convertirse en una ventaja o la supervisión de carpintero a través de tu producto un trabajo de calidad, tu actitud y sus habilidades de liderazgo. Ser conocido como "Maestro carpintero" asegura que estará en gran demanda como contratista y / o empleado clave.

También puede tomar ventaja de una amplia gama de educación y certificaciones continua que se puede seguir para mejorar continuamente sus habilidades como un artesano y obtener la validación de terceros. Véase más abajo en la sección "Certificados para ti como artesano." Estos programas de certificación tendrán requisitos mínimos de nivel de experiencia (de 3 a 5 años de trabajo continuo como oficial), así como pruebas para aprobar y cuotas a pagar.

Tiempo para convertirse en un carpintero "maestro":
La respuesta a "¿Cuánto tiempo se necesita para convertirse en un maestro carpintero?" depende por completo de tus objetivos de carrera, tu

ambición, y los requisitos de los organismos de certificación. Sólo se sabe que en este campo la demanda alta, sus oportunidades de empleo y tu potencial de ingresos aumentarán con cada certificación que recibe hacia tu objetivo de darse a conocer como un carpintero "maestro."

Simplemente no quieres ser ese tipo que conduce alrededor con un martillo y una sierra mirando y a la espera de la suerte en un sitio de trabajo.

—JAMES M., CONTRATISTA, KANSAS

TU EDUCACIÓN ES TU CIMIENTO

No hay sustitutos para la educación. El verdadero éxito en los 'Skilled Trades' exige que se construya una base sólida con una educación sólida.

Esto no quiere decir que si no se ha completado una educación formal en el aula, no se puede considerar una carrera en los 'Skilled Trades.' Lo hace, sin embargo, significa que no se puede aspirar a tener éxito en los 'Skilled Trades,' a menos que—como mínimo—se aprenda y sean capaces de construirse en la educación básica que normalmente se enseña en la escuela secundaria.

Nunca es demasiado tarde para aprender lo que se necesita. Sea o no que tengas tu título de escuela preparatoria o equivalente, será importante que controles ese típico requisito para pasar al siguiente paso. Sin embargo, aún más importante es que en realidad aprendido los conceptos básicos de matemáticas, lectura y escritura. Por lo tanto, incluso Si no tienes un grado de secundaria, nunca es demasiado tarde. Obtener una certificación de equivalencia de escuela secundaria. Si no tienes una buena comprensión de las matemáticas básicas, lectura y escritura, nunca es demasiado tarde. Busca un amigo para ayudarte; ir a YouTube y ver videos de tutoría; tomar una clase; y / o ir a una escuela local y pedir un poco de orientación.

La dura verdad: Nunca es demasiado tarde, pero también recordar, no hay atajos. Necesitas aprender los conceptos básicos de matemáticas, lectura y escritura o que no tendrá éxito.

La capacidad de aprender es un regalo, la capacidad de aprender es una habilidad, pero la voluntad de aprender es una opción
—BRIAN HERBERT

LA ESCUELA PREPARATORIA O EQUIVALENTE

Entrar en cualquiera de los 'Skilled Trades' requiere que aprender y dominar un gran número de habilidades. Tu capacidad de mejorar tu posición entre sus competidores en el mercado de trabajo depende de tu capacidad para seguir mejorando sus habilidades y experiencia. Todo comienza con el dominio de ciertas habilidades básicas que se ganó un diploma de la escuela; o, si no recibió tu diploma, al pasar un examen de equivalencia de escuela secundaria (HSE) como el GED.

Simplemente obtener un diploma de la preparatoria o pasar un examen HSE es sólo un paso. Mientras que en la escuela secundaria, si se ofrecen cursos especializados Comercio (indicadas a continuación), Debes tomar ventaja de cualquier oportunidad de ganar una comprensión de los conceptos básicos que necesitará en el futuro.   Para ser realmente en la mejor posición para proceder al siguiente paso de entrar en una, escuela técnica, universidad de la comunidad profesional y / o un programa de aprendizaje, debes de comprender sólidamente sobre:

✓ Inglés—hablando, leyendo y escribiendo
✓ Matemáticas
✓ Lectura básica de cianotipos
✓ Herramientas eléctricas utilizadas con seguridad en carpintería
✓ Habilidades básicas de redacción
✓ Conceptos básicos en la construcción y la carpintería

Es probable que, dado que las cosas están evolucionando en nuestros sistemas escolares alrededor de los EE.UU., algunos de estos temas no estén fácilmente disponibles para ti. Si estos cursos no se ofrecen en tu escuela secundaria, o si está recibiendo tu GED, o si está cambiando de carrera y el aprendizaje de un nuevo comercio, no es un gran recurso a tu alcance: la Kahn Academy.

KAHN ACADEMY

La web le da acceso a una amplia variedad de cursos gratuitos de instrucción, sobre casi cualquier tema. Cuando se trata de materias académicas básicas como la aritmética, el álgebra y la gramática, junto con temas como la física y la química, la Kahn Academy es de lejos uno de los mejores recursos gratuitos en la Web. Hazte un favor. Si sientes que necesita un poco de ayuda adicional con sus habilidades matemáticas básicas o algún otro tema, visite la Kahn Academy, crea y tomar algunas sesiones de actualización a tu propio ritmo, en tu propio tiempo, sin costo alguno para ti.

✓ Ir a www.KahnAcademy.org
✓ Desplazarse hacia abajo para ver los temas disponibles en la Academia Kahn
✓ Cada tema se divide en sesiones cortas y videos para construir tu comprensión

CAREERONESTOP: PRIMERA PARADA EN LA BÚSQUEDA DE RECURSOS LOCALES

La página web CareerOneStop.org es patrocinado por el Departamento de Trabajo de Estados Unidos. Ofrece la información más completa y actualizada que tendrá que hacer tu búsqueda de respuestas locales e inmediatamente efectivas. En este AYB Playbook, serás dirigido muchas veces para ir a CareerOneStop.org acceder a muchos recursos valiosos. Deberías considerar seriamente hacer www.CareerOneStop.org tu recurso "a-ir" y el punto de partida para la gran mayoría de las preguntas que podrían llegar a medida que construye tu carrera como carpintero.

"Local y efectivo"—esto es obviamente importante. Tienes que ser capaz de encontrar las respuestas, programas y asistencia cuando los necesites, pero necesitas estar situado lo más cerca de donde vive. CareerOneStop.org le permite encontrar con la información más arriba— hasta la fecha. Éstos son sólo algunos de los temas que se tratan:

- ✓ Los intereses y habilidades de evaluación
- ✓ Investigar y comparar las ocupaciones
- ✓ Encontrar un programa de educación, el aprendizaje y la formación local
- ✓ Ayuda financiera para tu educación y formación
- ✓ Punto para tu local, el estado de partida, la búsqueda de empleo regional o nacional
- ✓ Herramientas y orientación para mejorar sus habilidades de búsqueda de empleo
- ✓ Encontrar las agencias locales adecuados, ciudad o estado donde vive o donde se desea mover

¿ ESCUELA TÉCNICA PROFESIONAL O COLEGIO COMUNITARIO?

Hemos establecido la importancia de conseguir el que la educación y las habilidades necesarias para convertirse en un carpintero éxito. Una vez que tenga tu diploma de escuela secundaria o tu equivalente, que ahora tienen una opción. O bien puede ser la persona que se inicia desde el principio como un obrero general sobre los lugares de trabajo y tomar sus posibilidades de que tú va a aprender lo que necesita para progresar, o puede inscribirse en clases que le enseñará lo que necesita saber para saltar que tipo "tierra-para arriba."

Para ser **At Your Best**, sugeriría que realmente desees ser la persona que realiza el "salto tecnológico." Sin embargo, tienes que tomar una decisión. ¿Qué tipo de educación es adecuado para ti: una, la escuela técnica profesional o un colegio comunitario? El dinero y el tiempo son demasiado valiosos como para perder al no pensar a través de sus objetivos y luego comprometerse con el curso de acción que es adecuado para ti. Es necesario responder a la siguiente pregunta: **¿Qué quiero hacer con mi título?**

ESCUELA TÉCNICA PROFESIONAL		COLEGIO COMUNITARIO	
Pro	Uno de los programas de educación de dos años para la certificación de finalización	Pro	Programa de 2 años para obtener un grado asociado con sedes locales
Pro	Curso limitado y diseñado para un acceso más rápido a puestos de trabajo locales específicos	Pro	Cursos más flexible permitiendo que más optativas para explorar más opciones
Pro	Plazos de la escuela a las empresas locales y los sindicatos con enlaces a programas de aprendizaje	Pro	Plazos escolares a gama más amplia de empresas locales debido a las ofertas más amplias
Pro	Cuesta menos de colegio de la comunidad	Pro	Cuesta mucho menos que las escuelas de 4 años
Contra	Más operaciones centradas en cursos con pocos optativas	Contra	Menos operaciones centradas rápidas al trabajo de curso
Contra	No puede tener lugares del campus locales	Contra	Algunos cursos requeridos menos deseable

Ya sea que elija un profesional, escuela técnica o un colegio comunitario, tenga en cuenta que hay muchos programas de asistencia financiera disponible y lista para ayudarle. Sea cual sea tu situación financiera, no debe ser la razón de que se pierda tu educación.

Herramienta Rápida AYB: Ir www.AtYourBest.com y haz clic en "AYB Quick Tools," donde encontrará un enlace **Find Local Financial Aid.**

CÓMO ENCONTRAR EL TIPO DE ESCUELA
O PROGRAMA PARA TI

Al igual que con todo lo que hoy en día, existen varias formas de buscar la escuela adecuada profesional, técnica para ti. El siguiente le guía a través de la forma más fácil, más rápida que he encontrado para encontrar un programa cerca de ti, dondequiera que vivan en los EE.UU., usando CareerOneStop.org.

Al escribir estas líneas, el CareerOneStop.org proceso de búsqueda de un profesional, cursos relacionados con la carpintería de las ofrendas de la escuela técnica de tu zona: es:

1. Ir www.CareerOneStop.org
2. Haz clic en "Find Training"
3. Enter "Carpenter" en "Occupation, school, or program"
4. Introduzca donde vive o desea mover en el "Location"
5. Haz clic en "Search"

Un segundo enfoque que tú podría considerar en la búsqueda de un carpintero—cursos relacionados con la Escuela que ofrece el comercio local cerca de ti es:

1. Ir www.Trade-Schools.net
2. Ingresa tu código postal
3. En "Optional: Area of Study" de desplazamiento y haz clic en "Skilled Trade"
4. En "Optional: Program" desplazamiento y en el comercio especializado de tu elección
5. Se puede elegir el lugar para sus estudios, ya sea "Campus" o "Online" o "Both" o simplemente puede hacer clic en "Buscar ahora"

Herramienta Rápida AYB: Ir www.AtYourBest.com y haz clic en "AYB Quick Tools," donde encontrará un enlace encontrar la formación local. Las instrucciones adjuntas a este enlace herramienta rápida AYB siempre estará al día y listo para usar.

POST-9/11 GI BILL Y EDUCACIÓN PROFESIONAL

Si eres un veterano y que está considerando entrar en los 'Skilled Trades,' que—y dependientes calificados, así como los niños y cónyuge sobreviviente de un miembro del servicio que murió en acto de servicio después del 10 de Septiembre de 2001, tiene derecho a beneficios de educación Si:

✓ Calificas para cualquier proyecto de ley GI, **y**

✓ Has estado en servicio activo durante al menos 90 días, con o sin una interrupción en el servicio después del 10 de septiembre, de 2001

   • La cantidad porcentaje de beneficio máximo disponible que tú califica para depender de tu tiempo de permanencia en el servicio activo. Por ejemplo:

   • 90 días = 40% de la cantidad máxima

   • 3 años + = 100% de la cantidad máxima

Los beneficios disponibles para ti incluyen:

✓ Matrícula escuelas en el estado de hasta $22,805.34

✓ El dinero para la vivienda (si está en la escuela más de la mitad del tiempo)

✓ Dinero para libros y materiales de construcción (hasta $1,000 por año escolar)

Para aprender más sobre y solicitar Post–9/11 GI Bill beneficios para ayudarle con tu educación:

1. Ir www.Vets.gov
2. Haz clic en "Explore Benefits" y vaya a & haz clic en "Education & training"
3. Haz clic en "GI Bill Programs" y vaya a & haz clic en "Post–9/11 GI Bill"

APRENDIZAJE: LA EDUCACIÓN QUE TE PAGA

Los aprendices combinan en el puesto de trabajo a la formación con clases especializadas para darle las habilidades que necesita para comenzar tu carrera como carpintero. Un programa de aprendizaje te pagará por el trabajo que hacen algunas operaciones en los sitios de trabajo, mientras que siendo supervisado por jornaleros y artesanos experimentados para ayudar a reactivar tu carrera. En lugar de pagar por un título de cuatro años en un colegio o universidad y la construcción de todo lo que la deuda del estudiante, eres el que me paguen para aprender.

La disponibilidad y tipos de programas de aprendizaje y las organizaciones que les ofrecen varían ampliamente dependiendo de dónde vivas en el NOS. Los programas son ofrecidos por una oficina del sindicato local o regional, o en conjunción con una escuela o centro de formación profesional de la comunidad, o por uno o más asociación local de empleador o el comercio, o por algún otro grupo privado o financiado con fondos públicos.

A continuación se proporciona un desglose de lo que podría ganar como aprendiz de carpintero. Los datos se ensamblan a partir de numerosas fuentes. En la siguiente sección, vamos a discutir cómo se puede ir sobre la búsqueda y la aplicación de un programa de aprendizaje en tu área local.

Año 1—Ganancia potencial: $28,000 a $40,000

Año 1—Clases de muestra:

- ✓ Matemáticas para los 'Skilled Trades'
- ✓ Lectura de impresión
- ✓ Diseño
- ✓ Seguridad en el trabajo

Año 2—Ganancia potencial: $32,000 a $47,000

Año 2—Clases de muestra:

- ✓ Estructura básica de postes
- ✓ Lectura de impresión mecánica
- ✓ Diseño de andamios
- ✓ Creación de hormigón

Año 3—Ganancia potencial: $37,000 a $54,000

Año 3—Clases muestra:

- ✓ Puertas y hardware
- ✓ Fabricación
- ✓ Introducción a levantar y de elevación (aparejo)
- ✓ El acero estructural para postes

Año 4—Ganancia potencial: $42,000 a $61,000

Año 4—Clases de muestra:

- ✓ Hidráulica y Neumática
- ✓ Construcción pesada de madera
- ✓ Apuntalamiento y contención

El potencial de ganancias a nivel de viaje: $46,000 a $68,000

Las clases de muestra Año Viaje de nivel:

- ✓ Gestión previa a la construcción

✓ OSHA 10 y 30

✓ Tecnologías de construcción

✓ Cualificación para montador de andamios

ENCONTRAR EL PROGRAMA DE APRENDIZAJE PARA TI

Una vez más, el uso de CareerOneStop, se puede encontrar el programa de aprendizaje más cerca de donde vive o donde le gustaría vivir. Al escribir estas líneas, el proceso CareerOneStop para encontrar un programa de aprendizaje en carpintería cerca de ti es:

1. Ir www.CareerOneStop.org
2. Haz clic en "Toolkit"
3. En "Training" haz clic en "Apprenticeship Finder"
4. Enter en "Carpenter" en "Search by Occupation or Apprenticeship"
5. Introduzca donde vive o desea mover en el "Location"
6. Haz clic en "Search" y llevar a cabo tu oficio elegido

Herramienta rápida AYB: Ir www.AtYourBest.com y haz clic en "AYB Quick Tools," donde encontrará un enlace para **Find an Apprenticeship**. Las instrucciones adjuntas a este enlace herramienta rápida AYB siempre estará al día y listo para usar.

CERTIFICACIONES PARA TI COMO ARTESANO

A medida que construye tu carrera como artesano carpintero, puede elegir para obtener la validación fuera de sus habilidades y experiencia que han adquirido. No sólo va a hacerlo, puesto aparte de tu competencia, que le permitirá maximizar tu potencial de ingresos.

Utilice CareerOneStop para encontrar las certificaciones que pueden ayudar a avanzar en tu oficio como un carpintero:

1. Ir www.CareerOneStop.org
2. Haz clic en "Toolkit"
3. En "Training" haz clic en "Certification Finder"
4. Enter en "Carpenter" en "Certification Name, Organization, Industry, or Occupation"
5. Haz clic en "Search"

Un segundo enfoque para encontrar programas de certificación que pueden ayudar a validar sus habilidades y experiencia mejoradas como artesano es:

1. Ir www.NCCER.org—(National Center for Construction Education & Research)
2. Con el cursor, desplazarse sobre "Program Resources y luego "Crafts/Titles" y, a continuación, haz clic en "Construction & Maintenance"
3. Desplazarse a través de la opción "Search Titles and Disciplines" hasta que encuentre "Carpentry" y haz clic
4. Leer a través de la sección para identificar las evaluaciones disponibles y certificaciones, así como instalaciones locales y recursos en línea. Dado el número de especialidades y habilidades especializadas en carpintería y áreas relacionadas, se puede encontrar el programa de certificación que es apropiado para sus necesidades.

Herramienta Rápida AYB: Ir www.AtYourBest.com y haz clic en "AYB Quick Tools," donde encontrará un enlace para **Find Certifications**. Las instrucciones adjuntas a este enlace de herramienta rápida AYB siempre estarán al día y listo para usar.

AT YOUR BEST COMO MIEMBRO DE LA SINDICATO

Convertirse en un miembro de un sindicato es una decisión personal importante, así como de carácter económico que Debes considerar. Los carpinteros de la Sindicato han sido la columna vertebral de la industria de la construcción en los EE.UU. por más de un siglo. Muchas oportunidades de trabajo locales sólo están disponibles para ti Si eres un miembro de un sindicato en buen estado. Como miembro de un sindicato, tienes la oportunidad de:

✓ Mayores negociados, de pago estándar, y los salarios

✓ Horas definidas de trabajo

✓ Conjunto fiable de beneficios que incluyen planes de jubilación, seguro médico, vacaciones y licencia por enfermedad, y el reembolso de matrícula

✓ Condiciones especificadas y controladas de trabajo

✓ Amplia variedad de educación, capacitación y certificaciones patrocinados

Visita tu sindicato local o el comercio oficina de la asociación y aprender más. No debe haber ninguna duda en tu mente que hacerse carpintero sindicato le ofrece una formación de clase mundial, el potencial de ingresos a largo plazo, y la seguridad en el empleo que no estará inmediatamente disponible para ti como un carpintero independiente, falta de sindicato. Puedes encontrar que para ti y tu situación personal, los beneficios de ser miembro de un sindicato son mayores que las cuotas de los miembros y los beneficios de permanecer independiente.

SINDICATO Y ASOCIACIONES DE CARPINTEROS

Hay una amplia gama de beneficios y las oportunidades disponibles para ti como miembro de un sindicato local. También se puede encontrar una gran cantidad de valor en formar parte de un sindicato o asociación relacionada. Para obtener más información, póngase en contacto con ellos directamente en tu oficina más cercana o visite y estudiar tu página web:

✓ United Brotherhood of Carpenters & Joiners of America (www.carpenters.org)
✓ Associated Builders & Contractors (www.ABC.org)
✓ Associated General Contractors of America (www.AGC.org)
✓ National Association of Women in Construction (www.NAWIC.org)
✓ Helmets to Hardhats (www.HelmetsToHardhats.org)

AT YOUR BEST COMO UN VETERANO MILITAR

Los 'Skilled Trades' ofrecen los veteranos militares de una amplia gama de ocupaciones para elegir al hacer la transición a la vida civil. El proceso de saber cómo y dónde empezar el proceso de moverse en una carrera Oficios después de servir en el ejército es sin duda un reto.

Como punto de partida, los veteranos deben considerar visitar la pagina de web del Departamento de Trabajo de Estados Unidos para la transición de veteranos militar en www.CareerOneStop.org/Veterans. Este centro de transición de veteranos (Veteran and Military Transition Center) es "una página web única para el empleo, la formación y ayuda financiera después del servicio militar."

Veteran and Military Transition Center ofrece un ir-a la ubicación en la web desde la cual pueden encontrar programas locales y recursos para:

✓ La obtención de certificaciones académicas y profesionales y licencias
✓ La ayuda financiera para asegurar grados, certificaciones y licencias

✓ recursos de búsqueda de empleo y la formación profesional

• La determinación de cómo tu experiencia de trabajo militar se traduce en la fuerza laboral civil

✓ El acceso a los veteranos y prestaciones familiares y asistencia

• Beneficios de desempleado

• Cuidado de la salud

• Vivienda y energía

• Apoyo alimentario y la familia

• Asesoría financiera y fiscal

• Asesoramiento y apoyo relacionada con el estrés

• Recursos y programas dedicados para:

◊ Veteranos discapacitados

◊ Veteranos de las mujeres

• Buscar registros militares y otros

Para obtener más información sobre el Centro de Transición de Veteranos y Militares, haga lo siguiente:

1. Ir www.CareerOneStop.org/Veterans

2. Dependiendo de tu interés o necesidad, haz clic en el enlace correspondiente

• De vuelta a la escuela

• Búsqueda de trabajo

• Beneficios y Asistencia

• Toolkit

Herramienta Rápida AYB: Ir www.AtYourBest.com y haz clic en "Herramienta Rápida AYB," donde encontrará un enlace a los recursos para los veteranos. Sitios web se actualizan todo el tiempo. Las instrucciones adjuntas a este enlace herramienta rápida AYB siempre estará al día y listo para usar.

YOUTUBE ES TU AMIGO

YouTube es también un gran recurso, sin que se puede recurrir en busca de videos instructivos sobre todo tipo de temas. Lo más probable es que Si estás interesado en aprender acerca de algo, alguien ya lo ha hecho y publicado un video que detalla las características específicas de ese algo.

¡Haz de YouTube tu mejor amigo!

Siempre que tenga tiempo libre, ir a www.YouTube.com y la búsqueda de vídeos que dan una mejor comprensión de lo que le interesa el tema. Por ejemplo, en el campo de búsqueda en el sitio de YouTube escribir:

- ✓ Habilidades de la carpintería
- ✓ Fundamentos de encuadre
- ✓ Carpintería de aprendizaje

Cada una de estas búsquedas se traducirá en varios videos sobre el tema específico y varios más en temas relacionados que se pueden ver y ampliar sus conocimientos de carpintería.

También hay un sinnúmero de canales de YouTube que puede suscribirse a entrar en más detalles acerca de cualquier tema bajo el sol. Aprovechar el asesoramiento de expertos que está a la espera de ti. Deje que tu imaginación vuele.

También puede comprobar a cabo una valiosa información adicional sobre las otro vídeo en línea y cómo—a sitios como: Vimeo, WikiHow, eHow, y de Instructables.

———— CAPÍTULO 5 REPASO ————
Tu Camino para Convertirse en un Carpintero

» Las etapas de una carrera como carpintero son:
  • Etapa Uno—Aprendiz / Ayudante de Carpintero /
    Pre-aprendiz
  • Etapa Dos—Aaprendiz y / o de formación profesional
  • Etapa Tres—Journeyman
  • Etapa Cuatro—"Maestro carpintero"
» La educación es la base para tu éxito
  • Debe tener una sólida comprensión de los temas básicos
    aprendidos en la escuela secundaria o un programa equiva-
    lente en matemáticas, comprensión de lectura y escritura
    en Inglés
  • Profesional, escuelas técnicas y universidades de la comuni-
    dad puede proporcionar le costará formas efectivas para
    ampliar tu formación en áreas de temas que le servirá en la
    búsqueda de tu primer empleo como carpintero y para el
    resto de tu carrera
» Aprendizaje: la educación de cuatro años que le paga. Trabajar
  mientras se aprende a hacer las cosas de la manera correcta de
  oficiales y carpinteros "maestros"
» Las oportunidades y los beneficios de unirse a un sindicato local
  son significativos y reales. Mientras persigue tu carrera como carpintero, Debes considerar si unirse a un sindicato es para ti.
» Utilizar www.CareerOneSource.org para encontrar información
  sobre una carrera como un carpintero en tu mercado local y regional en cualquier lugar de los EE.UU., tales como:
  • Información sobre los salarios

- Los programas educativos y recursos de ayuda financiera
- Aprendizaje y otros programas de formación
- los programas de ayuda de los veteranos
- Los programas de certificación

Encontrar Trabajo de Carpintero

ESTÁS AT YOUR BEST
cuando se toma el control de la búsqueda de tu propio camino hacia tu futuro, en lugar de limitarse a dejar que el futuro suceda a ti.

La felicidad no proviene de un trabajo. Viene de saber lo que realmente valor, y comportarse de una manera que es consistente con esas creencias.

—MIKE ROWE, PERSONALIDAD TV Y OFICIOS ABOGADO

ENCONTRAR TRABAJO DE CARPINTERO

Haz sentado las bases. Haz aprendido las habilidades. Haz conseguido la experiencia. Ahora, Quieres ir a trabajar. ¿Dónde acudir a y cuál es tu siguiente paso?

Cada búsqueda de empleo es difícil para la persona que busca un trabajo. Y, cada búsqueda de trabajo es diferente para cada persona en función de sus capacidades y las condiciones del mercado local, así tantos otros factores demasiado numerosos para enumerarlos aquí. Aun así, es necesario tener un punto de partida. Recuerda: ¡Hay más de seis millones de empleos sin cubrir por ahí! ¡Los empleadores están buscando para ti!

PUNTOS DE PARTIDA PARA TU BÚSQUEDA DE EMPLEO

Ya sea que Estás buscando trabajo en tu ciudad o en algún otro lugar en los EE.UU., un buen primer paso para tener una idea de lo que está pasando en el mercado local le interesa, es hacer una rápida búsqueda en línea.

- ✓ Ir www.CareerOneStop.org
- ✓ En la sección "Job Search" ir a "Find a Job"
- ✓ En "Job" entrar "Carpenter," y la ubicación en "Location"
- ✓ Desplazarse a través de las oportunidades de empleo

Un segundo punto de partida que debe utilizar junto con tu búsqueda en línea es visitar "American Job Center"—un centro local de American Trabajo (AJC) o de una filial. Estas son las oficinas de recursos locales fuerza de trabajo que pueden ayudar a averiguar qué puestos de trabajo están ahí fuera ahora mismo. Para encontrar la oficina más cercana del AJC:

- ✓ Ir www.CareerOneStop.org
- ✓ En "Find Local Help" ir a "Find an American Job Center"
- ✓ Entrar en el "Location" que desea y haz clic en "Search"
- ✓ Visitar la oficina local del AJC para aprender acerca de ofertas de trabajo actuales, así como todos los recursos de búsqueda de empleo locales disponibles en su

TU TRABAJO A TIEMPO COMPLETO ES ENCONTRAR UN TRABAJO A TIEMPO COMPLETO

La idea de que para estar **At Your Best** se trata de tener un plan, se desmorona si no también, tu plan de trabajo. Nadie puede o lo hará por ti.

Es tu decisión. Día tras día, durante todo el día, que depende de ti. Tu trabajo a tiempo completo, hasta que encuentre un trabajo a tiempo completo, es poner en el tiempo y hacer el trabajo para encontrar ese trabajo.

Echar un vistazo alrededor de tu área local o donde va a mover. Aprenden la "disposición de la tierra," aprender quiénes son los jugadores y aprender qué tipo de empresas que son. Haga un plan de lo que desea acercarse. Hacer tu tarea en cada empresa que le interese:

✓ ¿Quiénes son los actores dominantes?
✓ ¿Ellos tienen una página web?
  • Si lo hacen, estudiar hasta en ellos para ver si se quiere trabajar allí
  • Si no lo hacen, ¿es una desventaja competitiva?
✓ ¿Cuál es su calificación del Better Business Bureau? Ir www.BBB.org
✓ ¿Tienen revisiones en la lista de Angie o Home Advisor? Ir www.AngiesList.com y www.HomeAdvisor.com a buscar sus calificaciones y lee comentarios de sus clientes
  • ¿Cómo se comparan? ¿Cuáles son sus fortalezas y debilidades?

TUS HABILIDADES SON PORTÁTILES

Recuerde, sus habilidades como un hábil carpintero son "portátiles." Eso significa que tú no está limitado por la ubicación. Tienes habilidades que son de una gran demanda en una gran cantidad de "algún lugar vigilara" en todo el país. Si las circunstancias lo permiten, utilizar eso a tu ventaja. Ampliar la búsqueda. Explorar sus opciones. Tome tu Sueño Americano en la carretera.

PASOS Y HERRAMIENTAS DE AYB PARA ENCONTRAR UN GRAN TRABAJO

En busca de un trabajo puede ser difícil. Puede ser difícil para el ego. Se requiere una piel gruesa como para hacer frente a la posibilidad de ser rechazados. Es todas esas cosas, pero también lo que hay que hacer para estar **At Your Best**. A continuación se describe un proceso sencillo que puede seguir para salir y poner tu mejor pie adelante en la búsqueda de un puesto de trabajo. En cada paso, se dará cuenta de que hay herramientas, tales como hojas de trabajo y plantillas en el www.AtYourBest.com sitio que puede ayudar a estar mejor preparado.

✓ Armar un curriculum vitae bien escrito que expone tu experiencia y conocimientos técnicos

Herramienta rápida AYB: Ir www.AtYourBest.com y haz clic en "AYB Quick Tools," donde encontrará un enlace para descargar un archivo de Microsoft Word de '**Resumes for the Skilled Trades**.' La hoja de trabajo y ejemplos son fáciles de modificar y hacer de tu propiedad.

✓ Armar un sencillo 3–5 minutos "Elevator Pitch" ** o una explicación de conversación / descripción de:
  - el tipo de trabajo y la posición que Estás buscando
  - por qué tiene las habilidades y la experiencia necesaria, junto con
  - el deseo y el compromiso de trabajar duro para ofrecer un producto de un trabajo de calidad a tiempo y dentro del presupuesto, y
  - por qué quiere trabajar para tu empresa

Definición de "Elevator Pitch" Imagínese que se obtiene en un ascensor con un jefe potencial y tiene los treinta segundos para contarles acerca de sí mismo y él o ella impresionar sobre por qué sería un gran salario delante de uno que llegue a tu piso. En una o dos frases, ¿por qué son la mejor persona para el trabajo?

Nota IMPORTANTE: Asegúrate de practicar tu argumento de venta (Elevator Pitch) hasta que se sienta lo más cómoda y natural como diciendo que cuando Estás teniendo una simple conversación con un amigo. Por lo menos, hacerlo delante de un espejo. No estoy bromeando. Vas a aprender mucho y todo será útil para hacer mejor al contar la historia "You, Inc." e impresionar al oyente.

Herramienta rápida AYB: Ir www.AtYourBest.com y haz clic en "AYB Quick Tools," donde encontrará un enlace a un archivo de Microsoft Word para **Elevator Pitch**. La hoja de trabajo e instrucciones le guiarán por el proceso de creación de tu propio discurso de ascensor.

✓ Elaborar un plan de acción para ponerse en contacto con tu futuro empleador
✓ A continuación, tomar medidas y seguir tomando medidas hasta que tenga éxito
✓ Estás **At Your Best**. Que tiene un plan. Ahora, tu plan de trabajo.

Herramienta rápida AYB: Ir www.AtYourBest.com y haz clic en "**AYB Quick Tools**," donde encontrará un enlace a un archivo de Microsoft Word para **Job Search Action Plan**. La hoja de trabajo e instrucciones le ayudará a poner rápidamente junto a tu plan para la búsqueda de trabajo con los pasos y tiempos.

"MULTIPLICADORES DE FUERZA" Y REDES PARA ENCONTRAR UN EMPLEO

Trabajo en red es una de las maneras más efectivas de encontrar un empleo. Mi creencia es que a la red de manera efectiva es necesario centrarse en la identificación y montaje de un grupo de multiplicadores de fuerza. Los multiplicadores de fuerza son aquellas personas que magnifican o aprovechar tu presencia e impacto mucho más allá de lo que podría ser capaz de hacer por tu cuenta. Ejemplos de multiplicador de fuerza son:

- ✓ Amigos o familiares que conocen o trabajan para un contratista local en la construcción en cualquiera de los 'Skilled Trades.' Cada contratista sabe varios más contratistas y que están buscando para la gran gente
- ✓ Alguien de tu iglesia o en la de sus padres en tu grupo o equipo de fútbol que se encuentra en constructores locales asociación o cámara de comercio. Si no es así, vaya a las oficinas de la cámara de asociación o de, probablemente sabrán de más de unos pocos contratistas que buscan a alguien como tú.
- ✓ Hardware o la construcción de suministros y proveedores de equipos que sirven a los contratistas locales en tu comunidad. Dado que los contratistas exitosos siempre están buscando tu próximo gran alquiler, que siempre están diciendo a sus proveedores para "mantener los ojos abiertos para la persona correcta"

La construcción de tu red de multiplicadores de la fuerza, como todo lo demás de valor, requiere tiempo y esfuerzo. Hay muchos libros y artículos sobre la manera de interconectar el camino a un nuevo puesto de trabajo. Sin embargo, todos ellos vienen de nuevo a una estrategia básica que puede ser presentado en cuatro pasos—con algunos puntos At Your Best. Considera lo siguiente:

Paso 1: Conseguir un topografía del terreno local

Objetivo de la Etapa 1: Para crear una "disposición de la tierra" integral en tu mercado local de posibles empleadores.

Comience por preguntarse: ¿Quién son contratistas o empresas en el mercado local que han contratado a alguien con sus habilidades y actitud positiva que es posible que desee trabajar? tu objetivo es conseguir una "disposición de la tierra" completa de posibles empleadores.

✓ Armar una lista completa de los empleadores potenciales que tú identifica, junto con la información de contacto tanto a encontrar

✓ Pasa algún tiempo de calidad en www.CareerOneStop.org para identificar posibles patrones y luego ver si tienen un sitio web que puede revisar

✓ Haga tu investigación en la web, o en la biblioteca, y pidiendo a cualquier persona que considere que puede conocer a alguien

Paso 2: Identificar posibles aprovechar los contactos

Objetivo de la Etapa 2: Para identificar los puntos de influencia o contactos que podrían proporcionar acceso a los posibles empleadores en tu lista Paso 1.

A continuación, se pregunta: ¿Quién son todos los demás contratistas y las empresas que trabajan con los empleadores potenciales que puede que desee trabajar?

✓ Armar otra, lista separada de cada uno a identificar, junto con la información de contacto tanto a encontrar

✓ Haga tu investigación en la web, o en la biblioteca, y pidiendo a cualquier persona que considere que puede conocer a alguien

Paso 3: Identificar ruta a un prospecto caliente

Objetivo de la Etapa 3: Para identificar los contactos del punto de acceso "calientes" para que pueda empezar tu red en las empresas que se han identificado en los pasos 1 y 2. Los contactos "caliente" son aquellas personas que pueden dar acceso a la persona que realmente quiere reunirse con y posiblemente permitir que use tu nombre o referencia para facilitar tu llamada o visita. Un contacto caliente ayuda a evitar tener que llamar o ponerse en contacto con una persona completamente de la nada sin introducción o antes contexto típicamente se refiere como una "llamada fría."

Ahora, pregúntese: ¿Quiénes son las personas de tu círculo de conocidos (su familia, amigos, amigos-de-amigos, o simplemente sea posible, la longitud de conexiones de la gente) que podrían conocer una posible toma de decisiones o simplemente una base de contactos en esos posibles empleadores o en esos negocios punto de apoyo que se le ocurrió en tu lista Paso 2?

✓ Armar una última lista. Esta lista tendrá el conocido individuo junto con quienes te conozcan—directa o indirectamente—a las empresas que ha identificado en los pasos 1 y 2

✓ Si, después de una cuidadosa consideración, no tienes ningún conocidos que podrían apuntar en la dirección correcta, no es algo que puede hacer

✓ Pregúntese: ¿A quién tengo que conocer que podría saber de alguien, ya sea en una empresa Paso 1 o Paso 2? Luego, dedícate al cumplimiento

✓ Ir a los sitios de trabajo alrededor de tu área local durante la hora del almuerzo, sea respetuoso con el medio ambiente de trabajo, y tratar de entablar conversaciones con los trabajadores o

el capataz en el trabajo para solicitar la asistencia en la identificación de la persona correcta que debe ponerse en contacto

Paso 4: Sé tu propio evangelista a tiempo completo

Objetivo de la Etapa 4: Para comunicarse de manera activa y sistemática-
mente, haz una proposición de valor de "You Inc."—*Por qué es el mejor
empleado nuevo posible para tu elegido, el objetivo de los posibles empleadores*—tal como se presenta a través de tu argumento de venta al mayor
número de personas que entran en contacto con el fin de alcanzar los que
toman las decisiones en tu estudio prospectivo, se dirigen a los
empleadores.

Por último, puesto que todos juntos, trabajando hacia atrás desde sus
listas:

- ✓ Dar tu argumento de venta para cada persona que se le ocurrió
  en el **Paso 3** y pedirles que te conozcan a las empresas en sus
  Paso 2 y el Paso 1 se enumeran
- ✓ A continuación, dar a tu argumento de venta para cada persona
  se puede identificar o conocer de las empresas en tu lista **Paso 2**
  para ver si pueden ganar acceso a los de tu lista Paso 1
- ✓ Por último, dar a tu argumento de venta para cada persona se
  puede identificar o conocer de las empresas en tu lista **Paso 1**
  para ver si pueden ganar acceso al tomador de decisiones de
  contratación (s)

Cada vez que tú da a tu discurso de ascensor, recuerde: Si esa persona no
puede ayudarle en ese momento, les pide que mantengan sus oídos y
mentes abiertas a cualquiera que busque a alguien montaje que tú descri-
bió en tu discurso de ascensor. Además, si se presenta la oportunidad,

que realmente quiere también pedirles retroalimentación sobre tu argumento de venta para ver si es posible que desee ajustar con precisión de alguna manera. Entonces, como se suele decir, "si al principio no tienes éxito, intentar, intentar de nuevo" . . . entonces otra vez . . . y otra vez.

No hay duda de que hay millones de puestos de trabajo vacantes en los EE.UU. y, sin duda, uno de esos puestos de trabajo puede ser suyo. Lo que pasa es que existe cada oportunidad de trabajo y está disponible en un mercado local específico. Si ese es tu mercado local, es a ti a ponerse en la mejor posición para que el empleador sepa que tú podría ser el empleado ideal para el trabajo. Que necesita para obtener la voz de que eres ese empleado ideal. Tienes que ser tu propio evangelista.

El trabajo ideal que has estado buscando puede estar a la vuelta de la esquina, pero para conseguirlo, hay que vencer a tu competencia. Tu reputación, profesionalismo, y tu actitud positiva hará que la diferencia cada vez.

Construyendo Tu Red de Multiplicadores de Fuerza

Paso 1—Tomando Medida del Contexto
- Contratistas locales
- Empleadores potenciales
- Pregunta a tu entorno

Paso 2—Indetifica Puntos de Apalancamiento
- Contratistas
- Proveedores
- Negocios
- Pregunta a tu ciudad

Paso 3—Detecta Caminos hacia Prospectos
- Contacto persona a persona
- Circulo de conocidos
- Golpea a puertas
- Ir a sitios de trabajo

Paso 4—Se Tu Propio Promotor 24/7
- Comunica tu propuesta de valor proactivamente
- Presenta tu "Elevator Pitch" a TODOS
- Pide ayuda, consejo y "feedback"
- Muestra tu profesionalismo y actitud positivo

PIENSA COMO TU FUTURO EMPLEADOR

Recuerda, los empleadores quieren contratar a los mejores candidatos posibles para sus posiciones abiertas. Ponte en sus zapatos. Cuando los empleadores están buscando nuevos empleados, que suelen tener una selección de candidatos. Quieres posicionarse de la mejor manera para asegurarse de que eres el candidato que obtiene el trabajo.

Los empleadores quieren que tu nuevo empleado no sólo para ser dispuesto y equipados con las habilidades necesarias para hacer el trabajo, pero también traer con ellos los intangibles añadir a y tener éxito con tu equipo existente. Estos intangibles son las habilidades blandas que no están escritas en una descripción de trabajo, pero sin embargo se espera o al menos esperaban cuando un empleador está buscando para llenar posiciones. Ya sea que Estás entrevistando o simplemente la creación de redes, buscar oportunidades para que tu futuro empleador sabe que eres un artesano experto y también tiene las capacidades intangibles y suaves que están buscando:

- ✓ Habilidades para tomar decisiones sólidas
- ✓ Capacidad de aprender y tomar la dirección
- ✓ Flexibilidad, adaptabilidad y persistencia para hacer el trabajo
- ✓ Habilidades efectivas de comunicación escrita y verbal
- ✓ Compromiso de ofrecer un excelente producto de trabajo cada día
- ✓ Trabajar bien con los demás en todos los niveles
- ✓ Profesionales, éticos, hábitos y prácticas de trabajo consistentes

Deseas que tu futuro empleador sepa que posees esas habilidades blandas y que están dispuestos a comprometerse a tener éxito como tu nuevo empleado.

PRUEBAS DE DROGAS Y SER CONTRATADO O DESPEDIDO

Un tema que ha surgido en casi todas las entrevistas de éxito expertos en la materia para esta serie AYB Playbook es el impacto de las pruebas de drogas en la contratación y el despido de los 'Skilled Trades.' A medida que más estados en los EE.UU. aprueban leyes relacionadas con las drogas, más y más gente se va a quedar atrapado en el de larga duración, después de los efectos del consumo de drogas.

Muchos empleadores requieren pruebas de drogas antes de la finalización de la contratación de un nuevo empleado y otros llevan a cabo pruebas de drogas al azar para asegurarse de que sus sitios de trabajo están libres del consumo de drogas, sólo es para minimizar sus responsabilidades legales. Es necesario reconocer que el uso de drogas y pruebas de drogas es un factor importante, importante que estar en juego cuando Estás buscando para encontrar o mantener un trabajo en los 'Skilled Trades.' Basta de charla.

A DÓNDE ACUDIR PARA MÁS INFORMACIÓN

En cualquier etapa es posible que en tu carrera como carpintero, que tiene una amplia gama de recursos disponibles para ayudarle a no importa dónde ti vive en los EE.UU.. Recuerda: para los recursos y las oportunidades locales, siempre debe comenzar con www.CareerOneStop.org para obtener el puntapié inicial.

Siempre tiene la web y todos los recursos que pone a tu disposición a través de sus resultados de búsqueda. Sin embargo, no se olvide que siempre se puede ir "vieja escuela" y pedir ayuda a tu bibliotecario local.

TU BIBLIOTECA LOCAL

Hagas lo que hagas, no olvides que, incluso en esta era de Google e Internet, tienes un enorme recurso tan sólo unos minutos en espera, dispuesto y feliz de ayudarle a saltar iniciar o afinar tu búsqueda de lo que Estás tratando de encontrar. Créeme, hágase un favor:

✓ Ve a tu biblioteca local
✓ Camina hasta el mostrador de información

✓ Pide información al bibliotecario acerca de lo que deseas explorar, a continuación,

✓ Un paso atrás, ver, y ver cómo Google todavía tiene una seria competencia

---------- **CAPÍTULO 6 REPASO** ----------
Encontrar Trabajo como Carpintero

» Tu punto de partida para la búsqueda de oportunidades de trabajo en tu mercado local debe ser www.careerOneStop.org y el Centro de Trabajo más cercano de Estados Unidos.

» Tu trabajo a tiempo completo es encontrar un empleo a tiempo completo. Sigue los pasos y las herramientas AYB para encontrar un buen trabajo.

• Arma un curriculum vitae bien escrito

• Crea tu "Elevator Pitch"

• Arma tu plan de acción

• Toma medidas de manera consistente y no se rinda

» Identifica sus "multiplicadores de fuerza" y empieza a hacer contactos con ellos para aprovechar tu ayuda y conexiones a otros en tu búsqueda de un nuevo trabajo

» Piensa como tu futuro empleador. Quieres posicionarse de la mejor manera para asegurar que tu posible empleador te mira como el mejor candidato para el trabajo

At Your Best
con 3P+A en Acción

ESTÁS AT YOUR BEST
cuando eres inflexible en tu búsqueda de ser el mejor que puedes ser.

Un precio tiene que ser pagado para el éxito. Casi invariable de aquellos que han alcanzado las cumbres trabajado más duro y largamente, estudiado y planeado más asiduamente, practicado más auto-negación, se sobrepuso a más dificultades que aquellos de nosotros que no han subido hasta el momento.

—BC FORBES

AT YOUR BEST CON 3P+A EN ACCIÓN

La fórmula para asegurar el éxito a lo largo de tu carrera es relativamente fácil y rápida de poner sobre el papel, pero es sin duda difícil y exigente para ejecutar bien. El éxito viene a un precio y simplemente no hay que darle más vueltas con los atajos o las medias tintas. Gran parte de lo que se necesita para tener éxito se reduce al sentido común, pero sí requiere que esté totalmente comprometido a trabajar duro y siempre mantenerse enfocado en la creación de valor para tu empleador y clientes.

Capítulo Seis discute cómo encontrar trabajo. En este capítulo se discutirá cómo convertir la idea de trabajo en tu búsqueda de una profesión en la que se convierte en un empleado altamente valorado y artesano. Se expondrá las cosas que tiene que hacer y pensar en el día a día a lo largo de tu carrera para asegurarse de que tienes éxito en cada etapa y en cada puesto de trabajo.

Dado que la fórmula del éxito no es una cosa una-y-hecho, este capítulo tiene la intención de proporcionar un marco de acciones concretas y pensamientos que se puede hacer referencia de nuevo a una y otra vez a mantenerse en la pista. Los conceptos introducidos anteriormente cubriendo 3P+A continuación, se ampliaron para ofrecerle ese marco.

- ✓ Personas
- ✓ Presentación
- ✓ Profesionalismo
- ✓ Actitud

En cada una de estas cuatro áreas de enfoque, se encuentra una breve discusión de los temas críticos que debe interiorizar y hacer tu propio. Lo haces constantemente y tendrás éxito. Lo hace y se convertirá en un gran valor empleado indispensable, a tu empleador. Puedo decir esto tan enfáticamente porque todas las entrevistas que he tenido con los jugadores de éxito en los 'Skilled Trades' siempre se reducen a una combinación de estos rasgos y mentalidad como la fórmula para el éxito.

En tu caso, también será dirigido a ubicaciones específicas en un gran libro que creo que podría ser un recurso muy valioso para ti:

- ✓ *How to Be the Employee Your Company Can't Live Without: 18 Ways to Become Indispensable* por Glenn Shepard

Un **AYB Assist** seguirá a cada conjunto de acciones recomendadas con el capítulo específico(s) en el libro Shepard donde se puede aprender más sobre un tema sin tener que leer todo el libro primero. Por favor, sé que me animo a leer este libro de principio a fin y luego, guardo como referencia. Podría convertirse en tu ventaja competitiva en secreto durante toda tu carrera profesional. Con eso, vamos a empezar.

PERSONAS: LA PRIMERA P EN 3P+A

Ser un Jugador del Equipo

Theodore Roosevelt dijo: "El ingrediente más importante en la fórmula del éxito es saber cómo llevarse bien con la gente." Cuando se está en el trabajo, que casi siempre será parte de un grupo a tu equipo. Reconoce que tu éxito depende de tu contribución al éxito general de tu equipo. Sepa tu lugar y sus responsabilidades en tu equipo. Ejecutar las tareas asignadas a ti a lo mejor de tu capacidad y encontrar formas de ayudar a otras personas en tu equipo de éxito con sus tareas sin tener que buscar algo por sí mismo a cambio.

Conoce a Tu Jefe

Lo que necesita saber cuáles son las expectativas de tu jefe, de modo que puedas fijar sus propias expectativas y prioridades para tu trabajo. Es importante preguntar a tu jefe cómo y cuándo prefieren la comunicación. Cuanto mejor se entiende cómo tu jefe piensa y lo que él, o ella, valora, mejor puedes realizar tu trabajo y superar sus expectativas.

Vivir la Regla de Oro

El dicho, "Haz a los demás como te gustaría que te hicieran a ti" cubre mucho terreno en cómo debemos interactuar en la vida. En el trabajo, creo que todo se reduce al respeto de los demás. Sea respetuoso de todos los que entran en contacto con y serás respetado a cambio. Incluso cuando el respeto no se le da a ti, siempre ser conocido como alguien que es respetuoso de todos, no importa qué.

 AYB ASSIST

How to Be the Employee Your Company Can't Live Without: 18 Ways to Become Indispensable

- Cap. 2: "Aprende lo que tu jefe quiere de ti"—"Learn What Your Boss Wants from You"
- Cap. 10: "Amplia tu círculo de influencia"—"Broaden Your Circle of Influence"

PRESENTACIÓN: LA SEGUNDA P EN 3P+A
Se Proactivo, Toma la Iniciativa

Es necesario hacer la pregunta: "¿Qué puedo hacer para ayudar?" tu tapa-de-mente, vaya a pensar cada vez que tenga tiempo libre en el trabajo. Si deseas que tu jefe piense en ti como un empleado de gran valor, debes ganar esa reputación. Lo haces siempre estando listo y dispuesto a hacer más de lo que se te pide, en busca de oportunidades para ampliar tu contribución a tu trabajo, sus compañeros de trabajo, y tu empleador. Después de haber hecho lo que se le asignó a hacer, buscar qué más hay que hacer y hacerlo sin tener que pedir. Ser conocido por preguntar siempre y luego siguiendo a través de "¿Qué puedo hacer para ayudar?"

Ser un Solucionador de Problemas

Tratar los problemas a gran y pequeña en el lugar de trabajo es un hecho sin fin de la vida. El mejor Estás en la resolución de problemas, el más valioso que se convertirá a tu empleador y tu equipo. Busque oportuni-dades para intensificar y tratar de resolver los problemas que surgen en el trabajo. Estar dispuestos a asumir el trabajo adicional que implica la solución de un problema. Hacerlo con una sonrisa en tu cara y positivo, actitud de poder hacer. La capacidad y la voluntad de pensar a través de un problema que puede estar obstaculizando o detener el progreso en el trabajo para llegar a una solución tienen implicaciones muy reales, ganancias y pérdidas para tu empleador. Ser conocido como un solucionador de problemas, no como un creador de problema o—igual de malo—ignorar un problema, que se aparta de los problemas, esperando a que alguien más para descubrir y / o resolverlos.

Se Esa Persona Que Otras Personas Puedan Contar— No Importa Qué

Ser confiable. Llegar a tiempo (mejor aún, a pocos minutos de antelación), listos para trabajar con las herramientas y la actitud correcta para comenzar a ejecutar todos los días es un factor diferenciador importante que puedes ser dueño de comenzar tu primer día en el trabajo de cualquier trabajo. Es difícil de creer que este simple hábito por sí solo puede diferenciarse de la gran mayoría de sus compatriotas. Es una cuestión de respeto, para tu empleador, para sus compañeros de trabajo, y por sí mismo. Lucha por ser la persona en el lugar de trabajo que siempre está dispuesto a "intensificar" cuando las cosas se ponen difíciles o se necesita una mano extra para realizar una tarea. No importa qué, se caracteriza por ser confiable.

Tome el Orgullo en Tu Competencia

Hay una gran diferencia entre hacer tu trabajo y haciendo bien tu trabajo. Actividad por el bien de la actividad no está haciendo bien tu trabajo. Experimentar la sensación fenomenal de completar un trabajo bien hecho. Que sea un hábito. Deje que tu competencia se convierta en una obsesión. Le servirá muchas veces a lo largo de toda tu carrera. Gane la reputación de siempre haciendo tu trabajo con precisión y completamente. Ser conocido por siempre haciendo tu mejor trabajo, incluso cuando nadie está mirando.

 AYB ASSIST

How to Be the Employee Your Company Can't Live Without: 18 Ways to Become Indispensable

- Cap. 8: "Convertirse en la persona más confiable en tu empresa"—"Become the Most Reliable Person in Your Company"
- Cap. 12: "Ser un profesional en todo lo que hace"—"Be a Professional in Whatever You Do"
- Cap. 17: "Convertirse en un solucionador de problemas"—"Become a Problem Solver"

PROFESIONALISMO: LA TERCERA P EN 3P+A
Crea Valor En Todo Lo Que Haces—Todo El Día, Todos Los Días

Probablemente has escuchado el dicho: "No es nada personal. Es sólo negocio." Bueno, la línea de fondo, literalmente, es que cada empresa debe obtener un beneficio para sobrevivir. En el nivel más básico, el valor total de tu empleador se reduce a la cantidad de trabajo que hace contribuye a la rentabilidad del negocio. Esta es una realidad de la vida en los negocios. Nada personal.

Sabiendo esto, mira todo lo que haces mientras está en el trabajo. Pregúntese: "¿Estoy creando valor para mi empleador con lo que estoy haciendo en este momento?" Luego pregúntese: "Si 'El tiempo es dinero' y mi empleador necesita para obtener un beneficio de pagar mi sueldo,

¿estoy perdiendo tiempo y dinero por lo que estoy haciendo o no haciendo?"

Siempre estar buscando formas de crear valor en todo lo que haces.

Ser conocido por nunca perder el tiempo y el dinero de tu empleador.

Asumir la Responsabilidad, Sin Excusas

Las cosas pasan. Los errores suceden. Tomar la iniciativa, presionando para lograr más y aprender nuevas cosas implica el riesgo de retrocesos. Cuando llegan a suceder, asumir la responsabilidad inmediata. No hay excusas. Señalarlo a tu jefe si es necesario. No ocultarlo. Disculparse y asegurar a tu jefe de que no vuelva a suceder. Entonces, resolver para aprender del tema y no repetirla. Ser conocido por ser siempre una persona de carácter, que es el primero en hacer frente a sus errores y siempre que sea posible proporcionar la corrección.

Date a Conocer por No Hacer Dramas, Sin Tratamiento Especial ni Bajo Mantenimiento

El lugar de trabajo funciona mejor cuando no hay drama de problemas personales o tener que adaptarse a las peculiaridades de un individuo fuera del resto del equipo, o tener que hacer frente a las demandas de un individuo de alto mantenimiento. Tu empleador no tiene más remedio que deshacerse de cualquier persona que impacta en el equipo negativamente demasiado o con frecuencia.

✓ Ser conocido por ser ningún drama: Deje sus problemas y asuntos en casa. Cada uno tiene sus propios problemas en casa. Evitar chismes. Evita a las personas que chismean o crean dramas

✓ Ser conocido por necesitar ningún tratamiento especial: No cereza recoger los proyectos más fáciles. Poner tu teléfono en silencio y olvidar que es en tu bolsillo hasta que esté bien en las vacaciones o pasar el día fuera. Hacer lo que hay que hacer y hacerlo con una sonrisa en tu cara

✓ Ser conocido por ser de bajo mantenimiento: Tu jefe tiene mucho que pensar todos los días. Evita a las personas y las actividades que terminan requiriendo la atención de tu jefe más allá de los necesarios para hacer el trabajo. No le dé a tu empleador el motivo que lo pongan en la lista de "primera-a-ir"

AYB ASSIST

How to Be the Employee Your Company Can't Live Without:
18 Ways to Become Indispensable

- Cap. 3: "Sé de bajo mantenimiento"—"Be Low Maintenance"
- Cap. 5: "La comprensión de las realidades económicas de la contratación de personas"—"Understanding the Economic Realities of Employing People"
- Cap. 9: "Aprender de la manera correcta para cometer errores"—"Learn the Right Way to Make Mistakes"
- Cap. 12: "Hay que ser profesional en lo que tú lo"— "Be Professional at Whatever You Do"

ACTITUD: LA A EN 3P+A
Siempre Ser Una Persona Puedo-Hacerlo

Como se suele decir, "Donde hay una voluntad, hay un camino." Comprométete a tener siempre el deseo de "lograr que se haga." Nunca dejar de fumar. Simplemente lograr que se haga. No mires los obstáculos como razones para ser como los demás, que dejan de perseguir sus objetivos o terminar una tarea, porque se hace difícil. Tome en cada uno de los obstáculos como una manera de diferenciarse del resto. Ser conocido por hacer siempre lo que sea necesario para alcanzar tu objetivo y lograr que se haga.

Ejecútalo Como Si Este Fuera Tu Trabajo Ideal, No Importa Qué

Cualquier trabajo que tiene en un momento dado, recuerde que es tu elección para estar allí. Estás aceptando un cheque de pago de tu empleador a cambio de los servicios que se comprometió a entregar. Incluso si el trabajo en realidad no le interesa, siempre y cuando se mantenga la posición, ir a trabajar a actuar como este trabajo es la realización de tu pasión de toda la vida.

Dando el 100% en tu trabajo—lo que tu trabajo puede ser—se convierte en un hábito si se elige para que sea hábito. Que sea un hábito. Si se le da el 100% en un trabajo que no te interesa, a continuación, sólo imaginar cómo va a ser cuando se tiene el trabajo que realmente sueñas. La ventaja añadida es que si, por el camino, le pide a tu jefe: "¿Qué puedo hacer para ganar esa posición?" Él / ella va a ser más propensos a creer que se puede entregar. Ya he mostrado tu carácter y actitud.

Deja Tu Ego Atrás

Tienes mucho que aprender y muchos años de experiencia para adquirir el fin de considerar legítimamente a ti mismo un artesano. Acéptate. Abrázate. Sé humilde, pero estate seguro de que puedes hacer que suceda. Aceptar las críticas y orientación con gracia. Buscar mentores a "mostrar las cuerdas." En cualquier etapa es posible que en tu carrera, muchos otros hayan sido exactamente donde ti se encuentra con las mismas preguntas e inseguridades. Haga preguntas si no está seguro de cómo hacer algo. Te sorprenderás de lo útil que sus compañeros de trabajo será Si estás ansioso por aprender de ellos. Aprovechar la experiencia que tienen, y lo que necesita. Algún día puedes estar en condiciones de pagar hacia adelante para ayudar a la próxima generación de personas como tú.

AYB ASSIST

How to Be the Employee Your Company Can't Live Without:
18 Ways to Become Indispensable

- Cap. 6: "Actúa como si el propietario de la plaza"— "Act Like You Own the Place"
- Cap. 14: "Hágase cargo de tu propio destino"— "Take Charge of Your Own Destiny"
- Cap. 16: "Evitar la indefensión aprendida" "Avoid Learned Helplessness"

CAPÍTULO 7 REPASO
A lo mejor con 3P+A en Acción

» Personas: La Primera P en 3P+A
- Se un jugador de equipo
- Conoce a tu jefe
- Vive la Regla de Oro

» Presentación: La Segunda P en 3P+A
- Se proactivo, tomar la iniciativa
- Se un solucionador de problemas
- Se una persona que otras personas puedan contar, no importa qué
- Enorgullécete de tu competencia

» Profesionalismo: La Tercera P en 3P+A

- Crear valor en todo lo que hace—todo el día, todos los días
- Asumir la responsabilidad, no hay excusas
- Ser conocido por ningún drama, ningún tratamiento especial, y bajo mantenimiento

» Actitud: La A en 3P+A

- Siempre será una persona de poder hacer
- Ejecutar como este es tu trabajo ideal—no importa lo que sueño
- Deja tu ego atrás

Mantener la Cabeza en Alto, parte 1

ESTÁS AT YOUR BEST
cuando se puede mantener la cabeza en alto, sobre todo cuando las cosas se ponen difíciles.

MANTENER LA CABEZA EN ALTO, PARTE 1

Los atletas profesionales miran a sus entrenadores y entrenadores para ayudarles a tener **At Your Best**. Con el fin de tener éxito en cualquier cosa, tienes que estar At Your Best. Sin embargo, no siempre se tiene un entrenador o entrenador para mantenerlo en pista a trabajar en sus objetivos de carrera. Para mejor o peor, es a ti para "Mantener la Cabeza en Alto" cuando la inevitable duda y la segunda adivinar sus opciones de vida se arrastra en tu forma de pensar.

Para ser **At Your Best**, se necesita compromiso diario y el enfoque de levantarse cada mañana y empujar a sí mismo para convertirse en el artífice de que tú sabe que quiere llegar a ser. También es necesario aceptar que le corresponde a ti y sólo a ti mismo volver a la pista. Mantener la Cabeza en Alto, cambiando en lo que se está centrando en es una manera para que vuelva a dirigir tu pensamiento de la duda a la creencia en uno mismo; a partir de la segunda especulación tus decisiones te comprometerán para su realización.

Lo críticamente importante a recordar sobre cómo mantener la cabeza en alto es que puedes hacerlo en cualquier momento o en cualquier lugar. Estás en control. Simplemente tienes que decidir que has tenido suficiente de dudar de ti mismo, el segundo especulación, los pensamientos negativos y la mala actitud y que es necesario reemplazarlos con nuevos mejores pensamientos, positivos, que apoyan sus intenciones.

Estos nuevos y mejores, pensamientos que afirman—Ajustadores de Actitud—pueden ser o bien aquellos que han llegado con por tu cuenta, o pueden ser pensamientos ofrecidos por otros que han superado obstáculos en tu propia vida. En la siguiente sección de esta discusión, se encuentra un número de ajustadores—ideas actitud y cotizaciones de motivación de algunas personas—que notables que podría considerar. Mira una y encontrar a los que resuenan contigo.

Entonces, cuando sientes que necesita para obtener tu cabeza recta, haga lo siguiente:

✓ Lea estos ajustadores de salida actitud en voz alta o para sí mismo; la misma varias veces o uno tras otro. Tu elección

✓ Piensa en cómo se aplican a tu situación inmediata e interiorizar esa sensación

✓ Piensa en cómo tu situación mejoraría si pudiera vivir / actuar de acuerdo con el punto de vista alternativo

✓ Comprometerse a cambiar tu pensamiento de lo negativo a lo positivo

✓ A continuación, seguir con tu vida. Volver al trabajo. Volver a avanzar hacia sus objetivos

• Sólo conocen y aceptan que esto no es una cosa "de una sola y hecho." Cuando los pensamientos negativos se

arrastra, armado y listo para luchar con mejores alternativas
y ajuste de actitud positiva. Entrar en el hábito de atacar
activamente pensamientos de duda y la segunda adivinar
antes de que puedan tomar el control de tu día o tu vida

Recuerda: Sólo puedes controlar tu actitud todos los días, todo el día.

¡Si ha llegado con tu propia lista de los ajustadores de actitud, algo que has oído o se le ocurrió en tu propia, muy bien! Enumerarlos a cabo para que tenga fácil acceso, listo para ellos cuando los necesite.

✓ Escribirlos en un "ir" lista en una hoja de papel y se pone en tu cartera o la guantera o en la caja de herramientas o donde sea conveniente para ti (Por cierto, es posible que desee laminado que, si se toma esta ruta.)

✓ Escribir a cabo tu salida a la lista en la aplicación "Notas" en el teléfono inteligente para que pueda referirse a ellos mientras todos los demás está comprobando sus mensajes de correo electrónico y las redes sociales

✓ Escribirlos en otra hoja de papel y la cinta a tu espejo para que pueda ver que cada mañana y tarde. Por ejemplo:

   1. Escuchar más
   2. Menos interrupciones
   3. Hacer más preguntas

¡Si prefiere considerar los puntos de vista de otras personas notables que tienen retos superados, que, también, es genial! Tenga en cuenta las cotizaciones que se presentan en el resto de esta sección. Recoger unos pocos, ya que muchos de los que te golpean de frente cuando ellos leen y ponerlos en tu lista ir o un teléfono inteligente.

Herramienta rápida AYB: Ir www.AtYourBest.com y haz clic en "AYB Quick Tools." Encontrará un enlace para mantener la cabeza en alto **Getting Your Head Straight.** Todas las citas se agrupan de acuerdo a tu enfoque y luego clasifican en uno de los cuatro apartados: Personas, Presentación, Profesionalismo y Actitud, o 3P+A. Las observaciones presentadas por los SMEs se presentan en esas categorías como "Insights SME."

Ahora, leer a través de los siguientes puntos de vista y citas y tomar un momento para recoger los dos en cada grupo que resuenan contigo o impacto cuando los lee primero. Luego, se coloca una marca de verificación en el espacio al lado de él. Tu objetivo es encontrar un ajustador de actitud pareja en cada una de las categorías 3P+A que puede consultar rápidamente de nuevo a cuando las cosas se ponen difíciles.

PERSONAS:

Citaciónes de SMEs Acerca de Personas:

Ser enseñable y ser humilde.

STEVE M., CONTRATISTA, NUEVA YORK

Ponte a prueba para ser responsable y confiable. Aceptar y poseer hasta sus errores. ¡Hombre, para arriba! Podrás 90-95% más delante de tu competencia

—JERRY K., CONTRATISTA, KANSAS

El aprendizaje de habilidades de comunicación es fundamental para la distancia que puede recorrer. Necesitas saber cómo comunicarse con tu jefe o tu cliente o eres muerto en el agua.

—GARTH B., CONTRATISTA, ATLANTA

Citaciónes para mantener tu cabeza en alto sobre Personas:

Las personas que no son capaces de motivarse a sí mismos debe contentarse con la mediocridad, no importa cuán impresionante sus otros talentos.

—ANDREW CARNEGIE

No todo el mundo piensa que la forma de pensar, sabe las cosas que tú sabe, cree que las cosas que crees, ni actúa de la manera que lo haría actuar. Recuerda esto y va a recorrer un largo camino para conseguir junto con la gente.

—ARTHUR FORMAN

Mantener alejado de personas que menosprecian sus ambiciones. La gente pequeña siempre hace eso, pero la realmente grande que se sienta como que tú, también, puede llegar a ser grande.

—MARK TWAIN

Cualquier tonto puede criticar, quejarse, y condenar, y la mayoría de los tontos lo hacen. Pero se necesita carácter y el autocontrol de ser comprensivo y de perdón.

—DALE CARNEGIE

La medida del carácter de un hombre es lo que haría si él sabía que nunca sería descubierto.

—THOMAS MACAULAY

Las personas con buenas intenciones hacen promesas. Las personas con buen carácter mantenerlos.

—DESCONOCIDO

Cualquier persona que espera a que alguien más para hacer un cambio automáticamente se convierte en un seguidor.

—PEYTON MANNING

La gente no le importa cuánto sabes hasta que sepan cómo cuidar.

—THEODORE ROOSEVELT

La mayoría de la gente no en la vida no porque tu objetivo es demasiado alto y se pierda, sino porque tu objetivo es demasiado bajo y golpear.

—LES BROWN

La mayoría de las personas fracasan porque importante en las cosas de menor importancia.

—ANTHONY ROBBINS

PRESENTACIÓN:

Citaciónes de SMEs sobre Presentación:

No sobre—complicar las cosas simples. No sobre—simplificar las cosas complicadas.

—JEREMY H., CONTRATISTA, ÁREA DE SEATTLE

Limpiar tu desorden sin tener que pedir. Toma la iniciativa. Simplemente lograr que se haga y no se ven a alguien para palmaditas en la espalda. Es tu trabajo.

—JERRY M., CONTRATISTA, ST. LOUIS

Hacer preguntas si no está 100% seguro de lo que está haciendo o se le pide que haga. No asuma que puede averiguarlo en el camino. No tenga miedo o vergüenza de hacer preguntas, está bien. Todo el mundo por delante de ti estaba allí antes.

—AL P., CONTRATISTA, NUEVA YORK

Citaciónes para mantener tu cabeza en alto sobre el rendimiento:

El rendimiento es la mejor manera de cerrar la gente.

—MARCUS LEMONIS

No hay atascos de tráfico en la milla adicional.

—ROGER STAUBACH

Nada funcionará a menos que tú lo hagas.

—JOHN WOODEN

No hay secretos para el éxito. Es el resultado de la preparación, el trabajo duro, y aprender de los fracasos.

—COLIN POWELL

Atajos conducen a grandes retrasos.

—MIKE ROWE

Cualquiera que sea el trabajo de tu vida es, hacerlo bien. Un hombre debe hacer tu trabajo tan bien que a los vivos, los muertos y los no nacidos podrían hacerlo mejor.

—MARTIN LUTHER KING

Sé muy bien que no se puede ignorar.

—STEVE MARTIN

Siempre he creído que si se pone en el trabajo, los resultados llegarán. No hago las cosas a medias. Porque si lo hago, entonces puedo esperar resultados a medias.

—MICHAEL JORDAN

El rendimiento y el rendimiento solo, dicta el depredador en la cadena alimentaria.

—UN DICHO DE LOS SEALS DE LA MARINA DE EE.UU.

Alto rendimiento, alta recompensa. Bajo rendimiento, ahí está la puerta.

—MARCUS LEMONIS

PROFESIONALISMO:

Citaciónes de SMEs sobre Profesionalismo:

Vestido como un profesional. Esto no es un desfile de moda para los no conformistas que tratan de hacer una declaración. Este es un lugar de trabajo. Respetar la profesión. Respetar sus compañeros de trabajo. Respetarte a ti mismo. Respetar tu empleador y el cliente. Ellos están pagando tu salario.

—BRIAN M., CONTRATISTA, ÁREA DE SEATTLE

Mostrar siempre al día con las herramientas necesarias para hacer el trabajo. Si siempre estás pidiendo a la gente para sus herramientas, que van a tener problemas reales tener éxito.

—KEN C., CONTRATISTA, ÁREA DE SEATTLE

Dos orejas y una boca. 2 a 1, que debe ser la relación mínima entre tu tiempo escuchando vs el tiempo hablando. En pocas palabras: cállate y haga el trabajo.

—ALEJANDRO M., CONTRATISTA, NUEVA YORK

Manténgase fuera de tu teléfono celular. Estás perdiendo el dinero de otra persona.

—HARRY S., CONTRATISTA, NUEVA YORK

Citaciónes para mantener tu cabeza en alto sobre Profesionalismo:

Un profesional es alguien que hace tu mejor trabajo cuando no se siente como él.

—ALISTAIR COOK

Cuando tu trabajo habla por sí mismo, no lo interrumpa.

—HENRY J. KAISER

Vive de tal manera que si alguien habla mal de ti, nadie lo creería.

—DESCONOCIDO

Nadie que siempre dio lo mejor de lo lamentó.

—GEORGE S. HALAS

Usted no se despertó hoy a ser mediocre.

—DESCONOCIDO

No hay limitaciones a la mente, salvo las que reconocemos.

—NAPOLEÓN HILL

Nada que valga la pena es fácil.

—THEODORE ROOSEVELT

Siempre hacer más de lo que se requiere de ti.

—EL GENERAL GEORGE PATTON

No hay atajos a dondequiera que vale la pena.

—BEVERLY SILLS

El ascensor para el éxito está fuera de servicio. Vas a tener que usar las escaleras . . . uno a la vez.

—JOE GIRARD

ACTITUD:

Citaciónes de SMEs sobre la Actitud:

Vas a trabajar con mucha gente enfadada, desagradables, obstinado en tu carrera. Esa es la forma en que está. Así es la vida. El trabajo todavía hay que hacer. No hay lugar para tu mala actitud o la boca.

—ERNIE M., CONTRATISTA, ÁREA DE SEATTLE

Tener una gran actitud es lo más importante. La actitud es más importante que tu educación, tu país de nacimiento, o si sólo un centavo en el bolsillo. Con una buena actitud puede hacer que algo suceda para ti y tu familia en este país. Si tu actitud es mala, no quiero tener nada que ver contigo y nadie más lo hará . . . tal vez tu madre.

—IVAN P., CONTRATISTA, NUEVA YORK

Poner en 100%, el 100% del tiempo.

—GARTH B., CONTRATISTA, ATLANTA

Citaciónes para mantener tu cabeza en alto sobre la Actitud:

No puede haber un resultado positivo a través de una actitud negativa. Piensa positivo. Vivir positivo.

—ALBERT EINSTEIN

Una mala actitud es como una rueda pinchada. Si no lo cambia, usted irá a ninguna parte.

—JOHN N. MITCHELL

La actitud es más importante que el pasado, que la educación, que el dinero, que las circunstancias, de lo que la gente dice. Es más importante que la apariencia, el dote o el talento.

—CHARLES SWINDOLL

Su actitud es como una etiqueta de precio. Esto demuestra lo valioso que eres.

—DESCONOCIDO

Queremos lograr muchas más cosas si no pensamos como imposible.

—VINCE LOMBARDI

Se humilde. Ten hambre. Y siempre será el más trabajador en la sala.

—DESCONOCIDO

El descubrimiento más grande de todos los tiempos es que una persona puede cambiar tu futuro por un simple cambio de actitud.

—OPRAH WINFREY

El problema no es el problema. El problema es tu actitud sobre el problema. ¿Lo entiendes?

—CAPITÁN JACK SPARROW

La vida es 10% lo que te pasa, y el 90% cómo responder a ella.

—LOU HOLTZ

Nunca, nunca, nunca darse por vencido.

—WINSTON CHURCHILL

CAPÍTULO 8 REPASO
Mantener la Cabeza en Alto, parte 1

» Los mejores atletas de clase mundial tienen entrenadores y preparadores físicos para ayudar a mantener At Your Best. Dejar que las comillas y puntos de vista anteriores te "mantener la cabeza en alto"

• Reemplazar las dudas y la negatividad con la nueva autorización, pensamientos positivos

» Cuando sea necesario, hacer lo siguiente:

• Leer a través de las ideas y citas

• Seleccione los dos en cada grupo que resuena contigo

• Escribirlas y publicarlos donde se puede ver a menudo

• A continuación, enganchar los pantalones y volver al trabajo

» Sólo puedes controlar tu actitud durante todo el día, todos los días

PARTE 3:

AT YOUR BEST COMO UNA PEQUEÑA EMPRESA: LA CONSTRUCCIÓN DE UNA FRANQUICIA DE CLASE MUNDIAL

Que han construido sus habilidades y experiencia para el punto a donde ahora se cree que se puede tener éxito al ofrecer sus servicios como, propietario de un pequeño negocio por cuenta propia. Es muy probable que tengas razón. La demanda de alta calidad, los proveedores de servicios en los 'Skilled Trades' nunca ha sido mayor y que la demanda sólo seguirá creciendo en el futuro. La Parte 3 de este AYB Playbook se centrará en los factores críticos de éxito que Debes considerar la maximización de tu potencial para estar **At Your Best** como un pequeño negocio. En consonancia con la idea de que esto sea un Playbook o tu plan de juego para el éxito, vamos a ampliar en la analogía con el deporte para el saldo de este AYB Playbook. La Parte 3 se divide en cinco secciones:

AYB: Pre-Juego
  ✓ Lo que hay que considerar y hacer antes de actuar por tu cuenta, junto con una importante herramienta para tu uso futuro en la planificación de tu negocio

AYB: El Saque Inicial

✓ Lo que se necesita tener en tu lugar en el punto que tú lanza tu propia, pequeña empresa

AYB: En Juego

✓ Lo que hay que centrarse en día en día y como un éxito de la pequeña empresa, más allá de la obra que nos ocupa

AYB: Medio Tiempo

✓ Lo que hay que revisar periódicamente, reevaluar, y vuelva a ajustar para asegurar que se mantenga en el camino hacia el éxito

AYB: Siendo Pro

✓ Lo que hay que tener en cuenta con el fin de hacer crecer tu pequeña empresa al "siguiente nivel"

AYB PLAYBOOK Y LECTURA RECOMENDADA

Iniciar y administrar un pequeño negocio exitoso puede ser extremadamente difícil y, a pesar de que puede haber una subestimación. Todos los días en los EE.UU., un sinnúmero de pequeñas empresas mueren muertes dolorosas y sus propietarios sufren las consecuencias financieras y emocionales. Sin embargo, trabajando juntos, vamos a asegurarnos de que esto no suceda a "You, Inc."

Las razones de los fracasos de pequeñas empresas por lo general se reducen a algunos factores de éxito críticos predecibles, que se perdieron. Estos factores críticos de éxito se pueden clasificar de la siguiente manera:

✓ Consistente de entrega de servicio de alta calidad

✓ Enfoque en el servicio al cliente y fidelización

✓ Gestión de flujo de caja financiero y
✓ Efectividad de la operación y procesos de negocio
✓ El éxito en ventas y marketing
✓ Pequeño equipo de liderazgo

En tu defecto en cualquiera de estos factores críticos de éxito no garantiza fracaso de "You, Inc." Sin embargo, cada uno de estos factores, por sí solos puede matar a tu negocio. Si una pequeña empresa no está ejecutando en dos o más de estos factores al mismo tiempo, las probabilidades de salir de los negocios crece exponencialmente hasta que el peso de los problemas de matar el negocio, pero no es así en "You, Inc.," ya que será prevenido y preparado.

✓ Si la calidad de los servicios de "You, Inc." es inconsistente, tu
   reputación se verá afectada
✓ Si el servicio al cliente de "You, Inc." es deficiente, y sus clientes no son fieles, no podrá ver la repetición de negocios
✓ Si las finanzas de "You, Inc." no se mantienen en orden, que se
   ejecutará en problemas de dinero garantizado
✓ Si otras operaciones administrativas y de papeleo de "You, Inc."
   no se organizan, se le frustrará en el mejor o, en el peor, que se
   ejecutará en serios problemas legales, financieros y / o fiscales
✓ Si los esfuerzos de "You, Inc." Por generar negocios por sí
   mismo es pasiva o de mala calidad, sólo verá poco o ningún crecimiento de los ingresos
✓ Si el equipo de "You, Inc." está limitado por tu capacidad para
   dirigir, también puede limitar tu crecimiento global y tu capacidad para atraer a otros artesanos de alta calidad

El objetivo general de este AYB Playbook es para darle una "mirada más allá del horizonte" para proporcionarle las preguntas correctas y las cuestiones de derecho de pensar acerca a medida que construye "You, Inc." Teniendo en cuenta que ahora estás considerando sorprenderte por tu cuenta, vas a tener que aprender y dominar un nuevo conjunto de habilidades para afrontar el reto de estos "factores críticos de éxito predecible." Parte 3 de este AYB Playbook discutirá estos "factores críticos de éxito" en un nivel alto para cubrir lo que hay que tener en cuenta. Con el fin de obtener un entendimiento más profundo de estos temas, se le dirigirá a cinco libros que presentan tu posición sobre estos temas con mucho más detalle. No hay duda de que hay cualquier cantidad de libros y recursos que se pueden utilizar para aprender más sobre cualquier tema de negocio que se puede imaginar. Le recomiendo a ti para hacerlo.

Sin embargo, en un esfuerzo para darle un punto de partida, así como para limitar el alcance de lo que necesita para leer sobre un tema particular, sugeriré secciones o capítulos específicos en una o más de cinco libros que abarcan cinco áreas principales de enfoque.

Los libros que voy a hacer referencia en las próximas páginas y que os recomiendo que tú compra son:

Small Time Operator, 13ª Edición por Bernard B. Kamaroff, CPA

Este libro ofrece una explicación clara y directa de cada elemento importante de back office y la decisión se enfrenta una pequeña empresa, incluidas las cuestiones relacionadas con las finanzas, legal, impuestos, seguros, empleados y mucho más. Aunque los otros libros se indican a continuación son importantes, le sugiero que haga pequeño operador Tiempo de tu compañero constante y guía para ayudarse a sí mismo evitar los grandes errores en el funcionamiento de una pequeña empresa.

The Art of the Start por Guy Kawasaki

Este libro ofrece una mirada innovadora en la forma de abordar el lanzamiento de "You, Inc.", incluyendo cómo construir tu plan de penetración en el mercado.

Raving Fans: A Revolutionary Approach to Customer Service
por Ken Blanchard y Sheldon Bowles

Este libro va a cambiar tu perspectiva sobre la entrega de servicio al cliente excelente para mejor, por lo que es el servicio al cliente inmejorable ventaja competitiva de "You, Inc."

Guerrilla Marketing: Remix por Jay Conrad Levinson y Levinson Jeannie

Este libro es una recopilación de presentaciones cortas de guerrilla de maketing y otras estrategias de negocio de guerrillas que se pueden emplear para construir la estructura de "You, Inc." Las estrategias de negocios "guerrilla" aprovechar tu imaginación, energía y tiempo para ayudarle a promover agresivamente sus productos o servicios de forma no convencional. Estas estrategias se han diseñado específicamente para las pequeñas empresas con pocos recursos y presupuestos limitados.

Extreme Ownership: How US Navy SEALs Lead and Win por Jocko Willink y Leif Babin

Este libro es todo acerca de dirigir y motivar a un pequeño equipo de personas altamente capacitadas para trabajar con eficacia para lograr un objetivo común.

LA NECESIDAD DE ALGUNOS DE RESPALDO

Hay una gran cantidad de nueva información importante que tú necesita para dominar con el fin de tener éxito en el lanzamiento y crecimiento de una pequeña empresa en los 'Skilled Trades.' No hay un solo libro puede hacer justicia a este objetivo, sobre todo este AYB Playbook ya que está destinado a ser un plan breve, la acción directa. Esa es la razón de estos otros libros.

Mi recomendación es que se ir en línea y ordenar sus copias de estos cinco libros. Es tu decisión en cuanto a Si eres pera para seguir leyendo este AYB Playbook ahora o esperar hasta que tenga los otros libros para referirse a mientras lee. De cualquier manera, tendrás un **AYB Assist** al final de las secciones clave que se dirigen a las secciones o capítulos específicos en estos libros para aprender rápidamente más sobre un tema sin tener que leer todo el libro.

Es tu decisión. ¿Cómo se lee este Playbook, luego utilice AYB Ayuda a destacar las secciones clave a la hora de leer los libros recomendados? O, ¿lees este Playbook y mientras lees la parte 3, se utilizan las Asistencias AYB para ampliar tu comprensión de un tema en tiempo real? Solo tiene que elegir, pero mi recomendación es que tienes una copia de cada libro disponible mientras se lee la Parte 3. La información es demasiado importante y necesario para el éxito de "You, Inc." Mi objetivo fundamental es para darle una referencia rápida, por lo se puede avanzar en tu comprensión de los temas particulares, aprendiendo acerca de clase mundial, expertos en la materia.

Al estar **At Your Best**, tendrá que hacer el trabajo duro de aprender nuevas habilidades y adquirir nuevos conocimientos para tener éxito. No se puede dejar al azar. Es necesario un plan y que necesita para trabajar tu plan. En el camino, necesitas tomar ventaja de los que han venido antes y hacer que tú entrenar sobre la mejor manera de hacer las cosas. Hacer que estos libros de parte de tu equipo de "entrenadores de éxito."

CAPÍTULO 9

At Your Best:
El Pre-Juego

At Your Best:
El Pre-Juego

ESTÁS AT YOUR BEST
cuando se tiene un plan—antes de actuar por tu cuenta.

AT YOUR BEST ANTES DEL PARTIDO

A los efectos del resto de este AYB Playbook, vamos a suponer que tú ha desarrollado a sí mismo como un artesano en una sólida base de habilidades, conocimientos y experiencia con el compromiso de ser **At Your Best**, centrándose en sus mejores esfuerzos y actitud: tu 3P+A (Personas, Presentación, Profesionalismo y Actitud).

Ahora podemos pasar a lo que hay que tener en cuenta si se va a poner en marcha un éxito, la pequeña empresa. Este es sin duda uno de esos momentos mesa de cocina, si no se había dado cuenta. ¡Tienes que admitir, es emocionante pensar en ser tu propio jefe!

Tan desalentadora la perspectiva de atacar por tu cuenta podría ser, por favor sepa que, dada la sólida base que ha construido para estar **At Your Best**, tienes lo que se necesita para tener éxito. Sin embargo, antes de que realmente ejecute, quieres ser capaz de responder y / o tomar medidas sobre los tipos siguientes preguntas:

✓ ¿Cuáles son los riesgos de lanzar tu pequeña empresa, "You, Inc.," y estás dispuesto a tratar con ellos? ¿Los riesgos financieros? ¿Riesgos de relaciones personales? ¿Riesgos de carrera?

✓ ¿Cuánta incertidumbre es demasiado para ti? ¿Cómo va a manejar la incertidumbre en cuanto a renunciar a tu sueldo regular? ¿Cómo va a manejar la incertidumbre acerca de la posibilidad de encontrar nuevas oportunidades de negocio para "You, Inc."?

✓ ¿Cuál sería el impacto de éxito o fracaso en ti, tu familia, o aquellos importantes para ti?

✓ ¿Cuáles son las ventajas y desventajas que se van a tener que hacer y estar preparado para hacerlas?

✓ ¿Cómo se verán afectadas sus relaciones personales importantes o posiblemente en peligro por el lanzamiento de "You, Inc."? ¿Menos tiempo con tu familia?

✓ ¿Cuánto ha ahorrado para proteger tu lado negativo, mientras que inicie "You, Inc."?

✓ Se puede tomar 12–18 meses antes de poder ganar lo que Estás ganando actualmente. ¿Puedes hacer eso? ¿Cuánto de una parada de copia de seguridad financiera o tampón has construido?

✓ ¿Está dispuesto a invertir todo tu tiempo disponible para hacer "You, Inc." un éxito? ¿Es suficiente?

YOU, INC. COMO UN NEGOCIO PEQUEÑO

En la Parte 1 de este AYB Playbook, nos referimos a ti y a "You, Inc." como el mismo individuo—empleado. "You, Inc." estaba en el negocio de la venta de tu tiempo y servicios a tu empleador, para lo cual se le pagó un salario. En la parte 3, utilizaremos "You, Inc." para referirse a ti como un pequeño negocio de venta de los servicios de tu empresa a sus clientes, para lo cual se le facturará a ellos y que tendrán que pagar tu empresa.

Tú y "You, Inc." tienen que hacer una gran cantidad de pensamiento y la planificación con el fin de dar la mejor oportunidad para el éxito del negocio a largo plazo. Hay muchos temas a considerar en el camino y no hay atajos. Hay que hacerlo y eres el que lo haga. Vamos a empezar pero en primer lugar, se necesita una herramienta útil que vamos a volver a una y otra vez el análisis SWOT.

Las personas exitosas mejores preguntas, y como resultado, se obtienen mejores respuestas

—ANTHONY ROBBINS

SWOT TEMPRANO Y FREQUENTE

La decisión de actuar por tu cuenta es definitivamente una desalentadora Momento "Kitchen Table," si alguna vez hubo uno. Con el fin de hacerlo de manera eficaz, quieres asegurarse de que tú ha considerado los pros y los contras de las muchas decisiones que tendrá que hacer, tan completa y tan objetivamente como sea posible. Una herramienta o método que funciona extraordinariamente bien para ti mismo para pensar en esos pros y los contras de una manera estructurada se llama un análisis SWOT.

SWOT representa:
- **S:** Fortalezas (Strengths)
- **W:** Debilidades (Weaknesses)
- **O:** Oportunidades (Opportunities)
- **T:** Amenazas (Threats)

Trate de elegir siempre un propósito específico para tu análisis SWOT. Al ser específico sobre lo que está tratando de analizar, se puede evitar dar con generalizaciones que pueden no traducir bien a un plan de acción. No trate de hacer un análisis SWOT que lo abarca todo en todo a la vez. Extiéndelo. En otras palabras, seleccionar algo analizar específico como: ¿Debe "You, Inc." entrar en una determinada línea de negocio en este momento? vs. ¿Qué tipo de negocio debe "You, Inc." convertirse? Mientras que el análisis de la primera pregunta dará lugar a respuestas específicas, la segunda tendrá como resultado una gran cantidad de generalidades que no será tan útil.

Puedes hacer un análisis SWOT en casi cualquier decisión empresarial / situación que pueden surgir de profundizar en los aspectos positivos y los aspectos negativos de un problema de negocios que se enfrenta. Por eso, esta sección se llama "SWOT con tiempo y frecuencia." Incluso haciendo un análisis SWOT en la parte posterior de una servilleta puede aportar claridad a una decisión importante o asunto, si eso es todo lo que tienes frente a ti.

Las dos primeras categorías de temas (fortalezas y debilidades) se refieren a los factores internos que afectan el resultado potencial de una decisión de negocios / tema. Los dos segundos (oportunidades y amenazas) se refieren a factores externos que afectan el resultado potencial.

Puedes hacer un análisis SWOT en una sola página en una caja de cuatro cuadrantes, como se muestra a continuación o en cuatro páginas diferentes, una página para cada categoría o en un tablero blanco o en lo que funcione mejor para ti. Lo importante es ser brutalmente objetiva y completa. Haz una lista de todas las cuestiones y las intervenciones que se pueda imaginar en cada categoría con el fin de darse una idea más clara de todos los elementos críticos de la decisión / problema que enfrenta.

Análisis SWOT

S-FORTALEZAS	W-DEBILIDADES
✓ ¿Qué elementos de esta decisión / tema dará a "You, Inc." una ventaja sobre otros enfoques que se podía tomar? ✓ ¿Cuáles son sus diferenciadores positivos que tú o tu oferta sobre la competencia favorecen? ✓ ¿Qué recursos y / o habilidades **tienes que te** distinguen	✓ ¿Qué elementos de esta decisión o tema darle una desventaja con respecto a otros enfoques? ✓ ¿Cuáles son sus diferenciadores negativos que favorecen tu competencia sobre ti? ✓ ¿Qué recursos y / o habilidades le falta?
O-OPORTUNIDADES	T-AMENAZAS
✓ ¿Cuáles son los elementos del mercado local o el panorama de la competencia que podrían ser explotadas o aprovechar para trabajar a tu ventaja? ✓ ¿Lo que el cliente (s), evento (s) o las condiciones económicas hacen que sea favorable para la decisión de ir hacia adelante?	✓ ¿Cuáles son los elementos del mercado local o el panorama de la competencia que podrían causar problemas o sería perjudicial y trabajar a tu desventaja? ✓ ¿Lo que el cliente (s), evento (s) o las condiciones económicas hacen que sea desfavorable para la decisión de seguir adelante?

Herramienta rápida AYB: Ir www.AtYourBest.com y haz clic en "AYB Quick Tools" para una muestra, Microsoft Word—basada, hoja de trabajo "SWOT Analysis," que se puede descargar y modificar para sus propósitos fácilmente.

LÁNZATE "YOU, INC.," CON LOS OJOS BIEN ABIERTOS

Todos son diferentes. Cada uno tiene diferentes niveles de tolerancia de riesgo. Cada uno tiene diferentes necesidades y deseos de sus vidas. Por lo tanto, no puede haber un enfoque de "talla única para todos" para determinar si se encuentra en el lugar y momento adecuado para lanzar una nueva, pequeña empresa. Sólo recuerde, dada la sólida base que ha construido para estar **At Your Best**, tienes lo que se necesita para tener éxito. Sin embargo, la pregunta que hay que preguntarse a bajar a alguna versión de:

- ✓ ¿Por qué quiero hacerlo?
- ✓ ¿Cuánto me costará?
- ✓ ¿Qué voy a tener que renunciar?
- ✓ ¿Qué estoy poniendo en riesgo?
- ✓ ¿Cómo puedo saber cuándo es el momento adecuado?

Después de que se haya preguntado y respondido a las preguntas de estos—, que desea seguir con contestar a:

- ✓ ¿Cuáles son los posibles beneficios / ventajas al lanzar "You, Inc."?
- ✓ ¿Por qué quiero dirigir mi propio negocio?

Por último, hay que preguntarse:

✓ Teniendo en cuenta sus respuestas, ¿merece la pena poner en marcha a "You, Inc." ahora, más tarde, o en absoluto?

Que realmente quiere dedicar tu tiempo y centrarse—antemano a considerar si es el momento adecuado para que puedas iniciar tu pequeña empresa. Una vez que está en el "ojo del huracán," que no tendrá mucho tiempo para adivinar a ti mismo. Es mejor pensar en sus opciones y actuar para reducir al mínimo cualquier impacto negativo antes de tener que hacer tu compromiso total para el nuevo "You, Inc."

Tómese unos minutos para anotar algunos de sus pensamientos y respuestas a las preguntas que vienen a ti en este momento.

Tu Primer Análisis SWOT de "You, Inc."

S-FORTALEZAS	W-DEBILIDADES
✓	✓
✓	✓
✓	✓
O-OPORTUNIDADES	**T-AMENAZAS**
✓	✓
✓	✓
✓	✓

Teniendo en cuenta que este es tu primer verdadero ir—alrededor, aquí está un ejemplo rápido de un análisis SWOT para un contratista teniendo en cuenta la ampliación de tu / tu negocio con sólo algunas de las cosas que podrían ser importantes a considerar:

S-FORTALEZAS	W-DEBILIDADES
✓ Reputación de trabajo de calidad ✓ Puede ser súper competitivos en precio debido a baja altura	✓ Buena calidad requiere tiempo ✓ Difícil de encontrar los comerciantes a la altura de mis estándares
O-OPORTUNIDADES	T-AMENAZAS
✓ Sólo otro competidor artesano en el mercado y que son siempre un exceso de reservas ✓ Se espera que mi mercado de crecimiento demográfico en un 10% este año	✓ La competencia puede agregar personas a satisfacer la demanda ✓ "You, Inc." compite con otros competidores para comerciantes ✓ El crecimiento depende de mayor apertura de nuevas plantas a tiempo. ¿Y si?

"YOU, INC." EXIGE VALOR

Emocionante. De miedo. Arriesgado. Plena. Libertad. Se puede llegar a un completo diccionario de palabras para describir la idea de atacar por tu cuenta. Sin embargo, una palabra lleva consigo todos los elementos críticos que tendrás que confiar en ti para hacer de "You Inc." exitoso: el valor.

Es necesario valor para esos momentos privados cuando es posible que tú mismo segundo adivinar. Que lo necesite para esos momentos en los que le rodean también cuestionan sus opciones y capacidades. Que lo necesite cuando vea una oportunidad claramente que nadie más ve. Debe tener valor para esos momentos cuando las cosas no podrán ir a tu manera. Es necesario tener el valor:

- ✓ Para hacer la cosa correcta en todo momento
- ✓ Para hacer frente a los retos de frente con un Can-Do actitud positiva
- ✓ A buscar y no estar preocupado por el incómodo y lo desconocido
- ✓ Creer en ti mismo aun cuando otros no lo hacen
- ✓ Para dirigir y ayudar a los demás cuando todavía están aprendiendo a sí mismo
- ✓ Correr el riesgo de sentir vergüenza, pero saber que ya vale la pena hacerlo por lo que se debe hacer
- ✓ Tener ansiedad y trabajar a través de él
- ✓ Para pedir ayuda a otras personas, incluso cuando se hace sentir incómoda
- ✓ Para buscar el consejo de los que puede saber más o tener más éxito

Todos tenemos días grandes y no tan grandes días. La realidad es que algunos días eres "sobre" y algunos días que no eres. En esos días cuando no estás **At Your Best**, llegar al trabajo. Hacer algo positivo por sí mismo, para tu familia o para tu negocio. Nada funciona mejor para salir de un "miedo" de ir a tu trabajo. Enfocar tu mente en todos los retos a los que ya hemos superado para construir la estructura de "You, Inc." Cuenta tus bendiciones. Saber que al día siguiente, le encenderán de nuevo, pero que simplemente no puede permitirse desperdiciar la actualidad. Una vez más, cuente sus bendiciones y que le ayudará a través de los días difíciles. Comprometerse a ser **At Your Best**.

Con la curiosidad viene aprendizaje y nuevas ideas. Si no estás haciendo eso, vas a tener un problema real.

—MICHAEL DELL

"YOU, INC." EXIGE CURIOSIDAD

Nadie tiene todas las respuestas. El éxito viene a los que saben qué preguntas hacer para descubrir enfoques innovadores para los problemas que surgen. Para tener éxito como un pequeño negocio, siempre se debe tener curiosidad acerca de:

- ✓ Tu competencia
  - ¿Qué están haciendo así que se puede incorporar en tu negocio?
  - ¿Cómo está tu industria sirviendo a las necesidades del cliente?
- ✓ Tu cliente
  - ¿Qué hace que respondan positivamente frente negativamente?
  - ¿Cómo se puede añadir valor a tu experiencia?
- ✓ Su ciudad y pueblo a tu alrededor
  - ¿Qué está ocurriendo en la economía y la demografía que afectarán a tu negocio?
  - ¿Cómo se puede aprovechar de ingreso medio o crecimiento de la población?

✓ Sus compañeros de los miembros del equipo
  • ¿Qué los motiva?
  • ¿Cómo se puede ayudar a mejorar tu motivación?
✓ Nuevas maneras de resolver problemas y corregir problemas
  • ¿Qué está causando problemas y por qué?
  • ¿Cómo puede cambiar los procesos para mejorar el resultado?
✓ Lo que está sucediendo en la política y la economía en el mundo
  • ¿Cómo va a afectar a tu empresa?
  • ¿Qué pueden hacer una perspectiva más amplia y diversa exposición ayuda a aprender?

HAZ DE LA WEB TU SOCIO DE NEGOCIOS

Un punto final antes del inicio del encuentro. Es necesario hacer la web de tu socio en la construcción de una exitosa "You, Inc." Suplemento lo que se lee en este AYB Playbook y en el www.AtYouBest.com sitio con lo que tiene la web para ofrecer—gratuitamente.

Al principio de este AYB Playbook, discutimos el valor de hacer YouTube y otros sitios de vídeo en línea a tu mejor amigo en aprender más sobre cualquier tema. Hablamos de cómo todo lo que tiene que hacer es ir a www.YouTube.com y haz clic en el icono de la lupa. El campo de búsqueda se van a plantear y luego dejar que tu imaginación.

De artesanos experimentados en los 'Skilled Trades' a los neófitos, y todos los niveles en el medio, la gente ha subido vídeos que presentan sus puntos de vista sobre la manera de lograr algo específico o en las formas de pensar a través de un proceso que pueda haber encontrado. También puede revisar la información adicional disponible en otro vídeo y cómo—a sitios como: Vimeo, WikiHow, eHow, y de Instructables. Sin embargo, estos no son el único tipo de videos de instrucción gratis que puedes encontrar en la Web.

La web también le da acceso a algunos cursos de formación empresarial increíblemente valiosos que son gratuitos y están diseñados para ayudarle a construir la estructura de "You, Inc." de una fuerte y próspera pequeña empresa que desea. Hay un número de sitios de cursos que se pueden visitar, pero recomiendo que al menos tenemos en cuenta los dos siguientes para ayudarle a avanzar en tu educación y comprensión de los negocios.

EL "LEARNING CENTER" DE LA "SMALL BUSINESS ADMINSTRATION"

La Small Business Administration (SBA) es un gran recurso para ti de muchas maneras. Es la agencia del gobierno estadounidense fletado para apoyar a los empresarios y las pequeñas empresas como "You, Inc." voy a dejar a ti para explorar las otras formas que la SBA podría ser capaz de ayudarle, Inc. allá de sus cursos de formación empresarial.

La SBA tiene una excelente selección de cursos de formación de negocios disponible de forma gratuita y accesible para que cada vez que desee a través de su Learning Center. Sólo tienes que ir a: www.sba.gov /learning-center y navegar a través de tu amplia gama de cursos sobre planificación, lanzamiento y gestión de tu pequeña empresa. Cada sesión es fácil de seguir y sólo tener unos treinta minutos para completar.

"MY OWN BUSINESS, INC."

My Own Business, Inc. (MOBI) es una organización sin ánimo de lucro asociada a la Universidad de Santa Clara. MOBI ofrece una excelente y gratuito programa de formación empresarial, en línea que se divide en dos elementos: "Starting a Business," "Business Expansion" y cada uno de estos elementos está compuesta por quince sesiones. Creo que las sesiones que abarcan "Apertura de un negocio" serían extremadamente valioso para ti y "You, Inc."

Ir www.scu.edu/mobi y haz clic en "Our Programs." En la página web resultante, haz clic en "Apertura de un negocio" y verá un desglose de las quince sesiones. Realmente creo que la información proporcionada en estas quince sesiones será fundamental para tu éxito en el crecimiento de "You, Inc."

CAPÍTULO 9 REPASO
At Your Best: The Pre-Game

» El lanzamiento de "You, Inc." para convertirse en una pequeña empresa exitosa debe primero comenzar con la planificación detallada y responder a algunas preguntas importantes, tales como:
  • ¿Cuáles son los riesgos inherentes en el lanzamiento de tu pequeña empresa y que están preparados para lidiar con ellos?
  • ¿La cantidad de incertidumbre es demasiado para ti y estás dispuesto a tratar con él?
  • ¿Cuánto ha ahorrado para apoyar el lanzamiento de tu negocio y para proteger tu lado negativo?

» Use un análisis SWOT para ayudarle a revisar los pros y los contras de las decisiones que tendrá que hacer en tu planificación empresarial
  • S es para las fortalezas internas, dentro o inherente a "You, Inc." relacionadas con el tema
  • W es para debilidades internas, dentro o inherente a "You, Inc." relacionadas con el tema
  • O es para las oportunidades externas, fuera de "You, Inc..," sino que afecta a la cuestión
  • T es de amenazas externas, fuera de "You, Inc..," sino que afecta a la cuestión

» Hacer de la web tu socio de negocios. Aprovechar los recursos gratuitos en línea, pero muy valiosas como lo hace tu planificación estratégica

- www.AtYourBest.com
- Centro de Aprendizaje—de Administración de Pequeños Negocios www.sba.gov/learning-center
- My Own Business, Inc. (MOBI)—www.scu.edu/mobi

At Your Best:
El Saque Inicial

"You, Inc.," estará a
AT YOUR BEST
con una base sólida.

AT YOUR BEST DESDE EL INICIO

Haz tomado la decisión de ser tu propio jefe. Sabes que tienes las habilidades y experiencia para tener éxito, siempre y cuando tienes los fundamentos en el lugar para iniciar tu negocio.

Poner estos elementos críticos en tu lugar para apoyar sus esfuerzos para poner en marcha un pequeño negocio exitoso requiere el pensamiento y la planificación. No hay atajo mágico o secreto para hacer lo que hay que hacer. Todo se reduce a hacer el trabajo tan diligentemente como lo haría todos los días en tu nave.

El trabajo a realizar requiere que preguntarse a sí mismo un gran número de cuestiones de fondo, y luego responderlas. Una forma sencilla de pensar a través de la amplia gama de temas y cuestiones en frente de ti, es hacer una lista de sus preguntas en seis categorías: qué, por qué, quién, cómo, cuándo y dónde.

No importa si lo hace todo de un largo fin de semana o si lo hace en un proceso de un año. No importa si lo hace en un documento único, integral o en todo tipo de hojas sueltas de papel. Ni siquiera importa si consigues sus preguntas sobre el papel, pero termina dejando algo sin respuesta. Lo que importa es que se le ha ocurrido a través de lo que se necesita para poner en marcha "You, Inc.," tu pequeña empresa.

Más adelante en esta sección, usamos algunas de estas preguntas para algunos ejercicios de planificación importantes. Trate de ser lo más completa posible agotar las posibilidades así que al final sabes que al menos haya considerado lo que pueda surgir en el futuro. Por ejemplo, aquí es un posible punto de partida para despertar tu imaginación y añadir sus propias preguntas:

Qué preguntas:
- ✓ ¿Qué es un pronóstico de ventas realista para "You, Inc."?
- ✓ ¿Cuál es tu presupuesto inicial de gastos? ¿Lo que constituye tu presupuesto?
- ✓ ¿Qué tipo de back—office de puesta a punto y apoyo necesita en tu lugar antes de iniciar?
- ✓ ¿Cuál es la oferta de servicio específico (s) y la ventaja competitiva específica (s) de "You, Inc."?
- ✓ ¿Qué vas a hacer para diferenciarse de la competencia?
- ✓ ¿Qué puede ofrecer que ningún otro competidor lo hace?
- ✓ Qué . . . _____
- ✓ Qué . . . _____
- ✓ Qué . . . _____

Preguntas "¿Por qué?":
- ✓ ¿Por qué es ahora el momento adecuado para poner en marcha "You, Inc."?
- ✓ ¿Por qué los clientes eligen "You, Inc." sobre tu competencia?
- ✓ ¿Por qué tu apoyo "multiplicadores de fuerza" y promover "You, Inc."?

✓ ¿Por qué alguien decide convertirse en un empleado de
   "You, Inc."?

✓ Por qué . . . _____

✓ Por qué . . . _____

✓ Por qué . . . _____

Preguntas "Quién":

✓ ¿Quiénes son tus clientes potenciales o clientes iniciales?

✓ ¿Quiénes son tus competidores?

✓ ¿Quiénes son tus "multiplicadores de fuerza" inicial y que están
   en tu lugar y listo?

✓ ¿Quién podría ser el segundo empleado de "You, Inc."?

✓ Quien . . . _____

✓ Quien . . . _____

✓ Quien . . . _____

Preguntas "Cómo":

✓ ¿Cantidad de capital—dinero en mano—se necesita para poner
   en marcha y operar "You, Inc."?

✓ ¿Cómo hacer de "You, Inc." legal?

✓ ¿Cómo se va correr la voz de que "You, Inc." es "abierto para los
   negocios"?

✓ ¿Cómo va a garantizar tu primer cliente? ¿Tu siguiente? ¿Y, el
   siguiente...?

✓ ¿Cómo va a motivar, formar y dirigir a tu empleado (s)?

✓ Cómo . . . _____

✓ Cómo . . . _____

✓ Cómo . . . _____

Preguntas "Cuándo":

✓ ¿Cuándo se deben completar tareas específicas?

✓ ¿Cuándo es el momento adecuado para ponerse en contacto con los clientes potenciales?

✓ ¿Cuándo debería llamar a una lista de posibles "multiplicadores de fuerza?"

✓ ¿Cuándo se debe dejar tu trabajo actual para poner en marcha y se centran en "You, Inc." a tiempo completo?

✓ Cuando . . . _____

✓ Cuando . . . _____

✓ Cuando . . . _____

Preguntas "Dónde":

✓ ¿Dónde está la extensión de "You, Inc." en el mercado local? ¿Distancias desde tu casa u oficina?

✓ ¿Cuándo se los fondos para "You, Inc."—venir de más allá de los fondos que tiene en ahorros?

✓ ¿De dónde viene "You, Inc." necesita hacer publicidad o ser visible para llamar la atención sobre tu oferta de servicios?

✓ ¿Dónde vas, Inc. operar a partir de tu taller y / o de detrás— oficina, necesidades de contabilidad?

✓ Dónde . . . _____

✓ Dónde . . . _____

✓ Dónde . . . _____

Como se señaló anteriormente, vamos a utilizar sus respuestas a las preguntas anteriores, así como otros, para comenzar a planificación de penetración de "You, Inc." en el mercado. Sin embargo, antes de entrar en eso, que quería plantear un par de otros temas para que puedas tener en cuenta correcta "desde el principio."

Para ser **At Your Best**, "You, Inc." tiene que tener sus prioridades bien definidas y sólidamente en tu lugar.

✓ Los clientes de "You, Inc." y sus necesidades son el centro de tu universo

✓ La infraestructura detrás de la oficina de "You Inc." es tan vital para el éxito como cualquier otra cosa que haces. No se puede descuidarse

✓ "You, Inc." debe ser extremadamente frugal en todos sus gastos y compras. El efectivo es vida para "You, Inc."

LOS CLIENTES DE "YOU, INC.": EL CENTRO DE TU UNIVERSO

Todo comienza y termina con los clientes de "You, Inc." Suena un poco dramático, pero pensar en ello. Sus clientes y tu nivel de satisfacción con sus servicios serán la base de si "You, Inc." vive o muere. Cuantos más clientes que tiene y la más felices son, más tiempo y más rentable la "vida" que "You, Inc." podrá disfrutar y, a su vez, que tú y los suyos podrá disfrutar también.

Ahora parece como un punto perfecto para visitar el At Your Best concepto de "3P+A" y cómo cada elemento apoya sus esfuerzos para estar At Your Best con sus clientes actuales y potenciales.

"3P+A" significa: Personas, Presentación, Profesionalismo y Actitud.

La primera "P" es siempre: **PERSONAS**

◊ *Comprometerse a dar siempre sus mejores esfuerzos hacia la construcción de relaciones sólidas con sus clientes, sus perspectivas y sus empleados a cada vez, cada oportunidad.*

La siguiente "P" es: **PRESENTACIÓN**

◊ *Comprometerse a dar siempre sus mejores esfuerzos hacia la entrega de un producto de máxima calidad de trabajo que son capaces de ofrecer, cada vez, cada oportunidad.*

La última "P" es: **PROFESIONALISMO**

◊ *Comprometerse a dar siempre sus mejores esfuerzos hacia ser un profesional en tu producto de trabajo, comportamiento y apariencia—cada una sola vez, cada oportunidad.*

El Tres P son soportados por "A," que significa: **ACTITUD**

◊ *Comprometerse a tratar siempre de mantener una actitud positiva, proactiva, "puedo hacerlo" hacia lo que venga—cada vez, cada oportunidad.*

Una vez más, recuerde que hay muchas cosas que pueden y sucederán durante todo el día que no se puede controlar. Sin embargo, hay dos cosas que puedes controlar que harán toda la diferencia en el éxito de "You, Inc."

✓ Sólo se puede controlar el esfuerzo que puso en tu éxito
  • ¿Estás poniendo en sus mejores esfuerzos hacia su:
    ◊ ¿Personas?
    ◊ ¿Presentación?
    ◊ ¿Profesionalismo?
  • Incluso en aquellos días en los que no se siente como él.
✓ Sólo se puede controlar tu actitud
  • ¿Estás dejando que el "pequeñas cosas" de obtener la vida en el camino del éxito de "You, Inc."?
  • La actitud es la única cosa que puede controlar todos los días, todo el día.

Si no puedes planear, ¡estás planeando fallar!

—BENJAMIN FRANKLIN

Los planes son inútiles, pero la planificación lo es todo.

—DWIGHT D. EISENHOWER

"YOU, INC.," PLAN IR-AL-MERCADO

Como un pequeño negocio, necesitas para mantener tu negocio de planificación sencilla y flexible, de modo que a medida que "You, Inc." obtiene del suelo, puede modificar sus planes de acuerdo a la realidad del mercado. Por lo tanto, en lugar de discutir cómo desarrollar un plan de negocio ideales, integral, vamos a discutir cómo desarrollar una acción orientada, rápido—a—crear un Plan Ir-Al-Mercado. La diferencia es que el A tu mejor plan de lanzamiento al mercado está previsto para reducir las áreas de atención a lo que creo son los requisitos más críticos y no negociables para que tú haga tu inicio—final de la planificación ir-al-mercado. La forma real de que tu plan termina pareciéndose es totalmente suya. Sin embargo, el "Plan Ir-Al-Mercado" de "You, Inc." tiene que cubrir tres áreas clave de enfoque:

Estrategia Central de Negocios	Exponer tu visión de "You, Inc." como un negocio y cómo va a ir de lanzamiento al mercado ✓ Definir la posición de "You, Inc." en tu mercado local • Consulte la siguiente sección "Posicionamiento You, Inc." ✓ Definir el plan de acción a corto plazo inmediato para entrar en el mercado • Consulte la siguiente sección "el camino de You, Inc. para soluciones inmediatas"
Sincronización y Plan de Acción	Exponer tu visión de lo que hay que hacer y cuándo ✓ Definir las acciones, tareas e hitos que se tienen que hacer, con las fechas de inicio y fin para que pueda hacerse responsable por el camino para la realización de tu plan. • Consulte la siguiente sección "Tu Tiempo y el Plan de Acción"

Finanzas Proyectadas	Exponer tu visión para el lado de los números de "You, Inc." ✓ Definir las proyecciones financieras que se pueden esperar para—por lo menos—la puesta en marcha y los primeros seis a doce meses de operación. ✓ ¿Cuáles son los costos de inicio de "You, Inc."? ✓ ¿Cuál es el pronóstico de ventas de "You, Inc."? ✓ ¿Qué presupuesto de gastos tiene "You, Inc."? ✓ ¿Cuál es tu ganancia o pérdida proyectada para "You, Inc."? • Ventas (margen bruto) menos los gastos iguales en pérdidas y ganancias ✓ Consulte la siguiente sección "Para You, Inc., el efectivo es la vida"

Quiero hacer una observación más sobre el plan de penetración para "You, Inc." en el mercado antes de entrar en la discusión de cómo construir sus elementos componentes. Tu plan no sólo ayuda a organizar y enfocar sus ideas, sino que también le proporciona un documento fácil de participación en la descripción de tu negocio. Cuando tenga que contratar o conseguir el apoyo de la inversión o de alguien, puede ayudar a reforzar la credibilidad de tu presentación. Puedes compartir con sus banqueros, proveedores, acreedores y empleados. Si estás preocupado por la protección de información sensible competitiva, al igual que un cliente (s) clave o un contrato importante, se debe considerar que tiene destinatarios del plan de firmar un "acuerdo de confidencialidad."

El Plan de Ir-Al-Mercado para "You, Inc." puede servir como un documento de reclutar a los mejores y más talentosos empleados en el mercado. Todo el mundo quiere estar en un equipo con una visión de sus empleados a tu banquero, todo el mundo quiere estar en un equipo ganador.

La planificación que lo que necesita hacer tomará tiempo y energía. A menudo, puede llegar a ser frustrante para poner sus ideas en papel. Quedarse con ella. Refinarlo. Pero lo más importante, terminarlo. Tenga en cuenta que esto tiene que ser un documento "vivo" que es necesario revisar, actualizar, modificar como tu conocimiento crece; como cambios de tu negocio; tal como se presentan las oportunidades. Una buena regla de oro por sí mismo debe ser para revisar y actualizar el plan de penetración para "You, Inc." en el mercado al menos dos veces al año. Tómese un tiempo para ir a través de este ejercicio. Te ayudará enormemente en la gestión de "You, Inc." y la comunicación de tu negocio a otros.

AYB ASSIST

Small Time Operator—"El Plan de Negocios"—
"The Business Plan" pag. inicial. 31

The Art of the Start—Cap. 4 "El arte de escribir un plan de—
negocios"—"The Art of Writing a Business Plan"

(Recuerde: el **AYB Assis**t le da una referencia rápida con lugares específicos en los libros recomendados para que pueda aprender más acerca de un tema.)

"YOU, INC.," POSICIONAMIENTO EN EL MERCADO

Uno de los ejercicios de negocios más importantes que se puede emprender es de entender claramente cómo "You, Inc.," y los servicios que ofrece, se

ajusta a tu mercado local. Esto se conoce comúnmente como posicionamiento en el mercado. El proceso requiere que tú sea honesto con uno
mismo y dejar todo detrás de una ilusión. Cuanto más profunda y detallada
tu comprensión del verdadero posicionamiento de "You, Inc.," mejor serás
capaz de desarrollar el plan y la estrategia para hacer de "You, Inc." un éxito.

Esta es una excelente oportunidad para que puedas volver a tu primer
análisis SWOT que generó anteriormente. Muchas de las preguntas y
respuestas que se le ocurrió cuando se ensambla la lista de cuestiones con
respecto al qué, por qué, quién, cómo, cuándo y dónde categorías será
muy útil en la definición de posicionamiento de "You, Inc."

Tómese unos minutos para anotar sus pensamientos a continuación o
en una hoja de papel por separado. Tratar de conseguirse la costumbre de
romper las decisiones de negocios importantes en sus componentes pros
y los contras: sus fortalezas, debilidades, oportunidades y amenazas.

Análisis SWOT del Posicionamiento de "You, Inc."

S-FORTALEZAS	W-DEBILIDADES
✓	✓
✓	✓
✓	✓
O-OPORTUNIDADES	**T-AMENAZAS**
✓	✓
✓	✓
✓	✓

A modo de recordatorio, es el mismo ejemplo de un análisis SWOT para un contratista teniendo en cuenta la ampliación de tu / tu negocio que se utilizó en el Capítulo Nueve para ayudarle a lo largo de:

S-FORTALEZAS	W-DEBILIDADES
✓ Reputación de trabajo de calidad ✓ Puede ser súper competitivos en precio debido a baja altura	✓ Buena calidad requiere tiempo ✓ Difícil de encontrar los comerciantes a la altura de mis estándares
O-OPORTUNIDADES	T-AMENAZAS
✓ Sólo otro competidor artesano en el mercado y que son siempre un exceso de reservas ✓ Se espera que mi mercado de crecimiento demográfico en un 10% este año	✓ La competencia puede agregar personas a satisfacer la demanda ✓ "You, Inc." compite con otros competidores para comerciantes ✓ El crecimiento depende de mayor apertura de nuevas plantas a tiempo. ¿Y si?

Herramienta rápida AYB: Ir www.AtYourBest.com y haz clic en "AYB Quick Tools" para un simple basado en Microsoft Word, hoja de cálculo para **SWOT Analysis**, que se puede descargar y modificar para sus propósitos fácilmente. También hay un ejemplo de un análisis SWOT de un escenario de negocios que incluyen una explicación más detallada del proceso de pensamiento que entró en romper la situación / decisión en sus puntos fuertes componentes, debilidades, oportunidades y amenazas.

A los efectos de la comprensión de posicionamiento en el mercado "You, Inc.," son sólo algunas de las preguntas relacionadas con la forma "You, Inc." y tu servicio caben en tu mercado local. Se utiliza preguntas como éstas para el análisis SWOT para "You, Inc." o no dude en añadir el tuyo propio:

- ✓ ¿Qué servicios de plan para "You, Inc." ofrecer y por qué son competitivos?
- ✓ ¿Lo que diferencia a "You, Inc." para hacer tu servicio brindando única o mejor?
- ✓ ¿Cuál es el panorama de la competencia local y cómo va "You, Inc." a competir?
- ✓ ¿Cuáles son las necesidades del cliente que "You, Inc." dirige mejor que sus competidores?
- ✓ ¿Quién es el competidor más exitoso y qué es lo que falta?
- ✓ ¿Quién sería un cliente ideal para lo que "You, Inc." estará ofreciendo?
- ✓ ¿Qué necesita "You, Inc." para atraer a sus clientes ideales?
- ✓ _____
- ✓ _____
- ✓ _____

Una vez que haya agotado tu imaginación de las preguntas relacionadas con la forma "You, Inc." y tu oferta de servicios va a caber en tu mercado local y que se han considerado las fortalezas, debilidades, oportunidades y los riesgos asociados a estas preguntas, está listo bajar a la construcción fuera ti, estrategia de negocio Inc..

AYB ASSIST

The Art of the Start—Cap. 2 "El arte de Posicionamiento"—
"The Art of Positioning"—Cap. 7 "La estrategia Guerrilla de
marketing"—
"The Guerrilla Marketing Strategy"—Cap. 23 "Investigación
Guerrilla"—"Guerrilla Research"

(Una vez más, recuerde **AYB Assist** le da una referencia rápida
con lugares específicos en los libros recomendados para que
pueda aprender más acerca de un tema.)

"YOU, INC.," CAMINO HACIA GANANCIAS RÁPIDAS

Acaba de pasar a través del ejercicio importante de la definición de posicionamiento en el mercado de "You, Inc." Ahora tiene una sólida comprensión de tu pequeña empresa fortalezas, debilidades, oportunidades y amenazas en relación con tu mercado local. Pronto vamos a discutir cómo diseñar una línea de tiempo y una lista de acciones que tendrá que tomar para hacer sus planes para "You, Inc." una realidad. Sin embargo, en este momento, voy a pedirle que haga un poco de lluvia de ideas por tu cuenta.

Creo que es importante empezar a trabajar hacia algunos resultados inmediatos—algunas victorias rápidas. Los triunfos rápidos (Quick Wins) pueden ser pequeños y simples o grandes y complejos. Pueden ser fáciles o difíciles de convertir en realidad. Pueden ser intrascendentes o muy consecuentes con el esquema general de las cosas. La clave es que tienen que ser rápido de realizar. Algunos ejemplos de éxitos rápidos (Quick Wins) son:

✓ Sus nuevas tarjetas de visita a "You, Inc." y teléfono celular
separada dedicada a llamadas "You, Inc."

✓ Una nueva señal magnética para poner en tu camioneta con información de "You, Inc." impresa

✓ La nueva web de "You, Inc." con lo esencial señalar que "You, Inc." está abierto para los negocios

✓ Un pequeño trabajo para tu vecino o amigo que se llega a facturar debajo "You, Inc." El nombre del lugar de tu empleador anterior de

✓ Una reunión con un posible proveedor, quien hasta tu reunión, sólo le conocía como empleado de otra persona en lugar de la nuevo CEO de "You, Inc."

✓ Conexión con un multiplicador de fuerza influyente que quieren apoyar activamente el crecimiento de "You, Inc."

Su objetivo debe ser la identificación de todas las que pueda y dar prioridad a ellos en función de tu importancia relativa para "You, Inc." y la rapidez con que puede hacerlos realidad. Entonces, atacarlos con una venganza. ¿Por qué son importantes victorias rápidas?

✓ Triunfos rápidos consiguen que necesitaba atención

✓ Triunfos rápidos ayudan a ganar impulso

✓ Triunfos rápidos motivar a ti y tu equipo

✓ Victorias rápidas que dan la tracción que necesita ir para la próxima victoria

Quiero pedirle que centrarse exclusivamente en pidiendo, así como responder a sí mismo, preguntas adicionales a muy corto plazo, como la siguiente:

✓ ¿Qué oportunidades de negocio existen en este momento o en el corto plazo, que "You, Inc." podría convertir en victorias rápidas?

✓ ¿Qué oportunidades podrían ser descubiertos en el corto plazo para convertir en victorias rápidas?

✓ ¿Qué acciones tiene que tomar ahora para que estas oportunidades sean una realidad?

✓ ¿Quiénes son las personas que tú necesita para participar con el fin de hacer que eso suceda?

✓ ¿Qué recursos tiene en este momento que se puede utilizar para que esto suceda?

✓ ¿Qué recursos necesitará que tú no tiene que se puede obtener sin grandes inversiones?

✓ _____

✓ _____

✓ _____

✓ _____

El objetivo de hacer esto es ejercicio de reflexión para ayudarle en la siguiente sección—Su Plan de Cronometraje y Acción (Timing & Action Plan). Los resultados de esta sesión de lluvia de ideas le proporcionará la materia prima que se necesita para dar cuerpo a tu plan. Igual de importante que tendrá que pensar en términos de impulso a la acción temprana para "You, Inc." como que conseguir de la tierra hacia ti realización de la visión de éxito.

Herramienta rápida AYB: Ir www.AtYourBest.com y haz clic en "AYB Quick Tools" para un simple basado en Microsoft Word, hoja de cálculo, **"Quick Wins Brainstorming"** que se puede descargar y modificar para sus propósitos fácilmente.

PLAN DE CRONOMETRAJE Y ACCIÓN

Ahora, lo que necesita para armar tu Plan de Cronometraje y Acción para que pueda mantenerse a sí mismo ya tu equipo de cuentas a un proceso definible y medible para mantener el rumbo. En otras palabras, es necesario hacer una lista de lo que debe llevarse a cabo junto con un marco de tiempo específico para cuando se necesita ser completado y que es responsable.

Idealmente, quieres diseñar un Plan de Cronometraje y Acción y en orden cronológico de acuerdo con tres diferentes tipos de artículos de línea. Los tres tipos de elementos de línea son:

- ✓ **Objetivo estratégico:** Expresión de lo que quiere lograr
- ✓ **Hitos:** Eventos umbral o puntos en el tiempo que le ayudan a medir el cundo, como "You, Inc." avanza hacia sus objetivos estratégicos
- ✓ **Acciones tácticas o Tareas:** Los pasos activos de cómo va a darse cuenta de sus objetivos estratégicos y que es responsable

Su Plan de Cronometraje y Acción pueden tomar cualquier forma funciona mejor para ti. Sin embargo, como mínimo, tu plan debe pedirá que hacer una lista de los objetivos, tareas o hitos para ser completado; el principio por y completa por las fechas; el costo para completar; y, si un elemento depende de otro elemento que se ha completado.

Su Plan de Cronometraje y Acción se verá algo como lo siguiente:

Plan de Cronometraje y Acción para: _____

Acción, tarea o hito que se completará	Comience por la fecha/Por Fecha completa	¿Quién es responsable?	¿Costo por completar?	¿Qué artículos otros dependen de finalización?

En tu forma más simple, se debe planear el uso de una hoja de cálculo de Plan de Cronometraje y Acción para diseñar sus tres o cuatro objetivos estratégicos para "You, Inc." por un período de tiempo específico. Luego, para cada objetivo estratégico, utilizar otra hoja de Plan de Cronometraje y Acción para romper los pasos para lograr ese objetivo estratégico en sus componentes tácticos acciones / tareas e hitos.

Su objetivo debe ser poner periódicamente todo lo que necesita para un proyecto de hacer en una o más páginas, para que pueda ver lo que hay que hacer y cuándo. Debe revisar que Plan de Cronometraje y Acción tan a menudo como sea necesario para mantenerse en la pista hacia el lanzamiento "You, Inc." Tome el tiempo para romper cosas grandes en tareas y pasos más pequeños, siempre que sea necesario para reducir el tamaño del objetivo y hacer las cosas menos abrumadora. De esa manera a maximizar tu oportunidad para el éxito sin tener algo escapar de ti o caer a través de las grietas. Trata de obtenerlo tú mismo en el hábito de mirar y ajustar tu temporización y planes de acción a menudo para que se convierta en una extensión natural de la planificación de tu negocio y pensando en el futuro.

Herramienta rápida AYB: Ir www.AtYourBest.com y haz clic en "AYB Quick Tools" para una sencilla, basada en Microsoft Excel, Timing & Action Plan (Plan de Cronometraje y Acción) que se puede descargar y modificar para sus propósitos fácilmente.

Dinero en la cuenta bancaria de la empresa no está ¡tuya! Pertenece a sus cuentas por pagar. Su dinero empieza a contar después de tu A / P, sus impuestos y sus empleados se les paga.

—JEFF M., CONTRATISTA

PARA "YOU, INC.," DINERO EFECTIVO ES LA VIDA

Para "You, Inc.," como es el caso para cualquier pequeña empresa, dinero en efectivo es la vida. Sin dinero, no hay "You, Inc."

- ✓ Si "You, Inc." no tiene suficiente dinero en efectivo para poner en marcha, se muere.
- ✓ Si "You, Inc." no tiene suficiente dinero en efectivo para promocionarse a sí mismo, se muere.
- ✓ Si "You, Inc." no tiene suficiente dinero para pagar impuestos, se muere.
- ✓ Si "You, Inc." no tiene suficiente dinero para pagar a los vendedores, se muere.
- ✓ Si "You, Inc." no tiene suficiente dinero para pagar a los acreedores, se muere.
- ✓ Si "You, Inc." no tiene suficiente dinero para pagar a los empleados, se muere.
- ✓ Si "You, Inc." no tiene dinero para pagar por el tiempo suficiente, "You, Inc." debe morir.

Te dan la imagen. El efectivo es la vida. Sin ella, o cuando escasea, "You, Inc." estará en un mundo de dolor. En tu carrera, sin duda ti ha experimentado de forma muy directa a través de un amigo, lo que ocurre cuando una pequeña empresa no puede pagar sus obligaciones. Estar **At Your Best** como "You, Inc.," significa que siempre piensa en la protección de tu lado negativo.

Ser frugal en todas sus decisiones de compra y el gasto tiene que ser la parte superior de la mente y una forma de vida a medida que "You, Inc." fuera de la tierra. Piensa dos veces o tres veces más antes de tocar sus valiosos recursos limitados, en cualquier compra para el usuario, "You, Inc." o por sí mismo. El efectivo es vida para "You, Inc." —Si se agota, "You, Inc." está muerto. Esto no es una exageración. Es la realidad.

Antes de continuar, quiero alentar fuertemente a considerar trabajar con un contador/contador profesional para ayudar a asegurarse de que las finanzas de "You, Inc." estén en orden desde el principio. Si deseas esperar antes de que el contador/tenedor de libros, entiendo perfectamente. A continuación te hará pensar y yendo en la dirección correcta.

AYB ASSIST

Small Time Operator—"Financiación"—"Financing" a partir de la
   pág. 10 y Cap. 2 "Contabilidad"—"Bookkeeping"
The Art of the Start—Cap. 5 "El arte de siendo frugal"—
   "The Art of Bootstrapping"
Guerrilla Marketing Remix—Cap. 35 "Guerrilla ahorro"—
   "Guerrilla Saving"

"YOU, INC.," NECESIDADES FINANCIERAS DEL INICIO

Antes de poder construir un plan realista en cuanto a cómo "You, Inc." se puede iniciar y tener éxito a largo plazo, es necesario para entender completamente los costos de obtener "You, Inc." fuera de la tierra en el primer lugar. La siguiente es una hoja de cálculo muy básico que se puede empezar con dar cuerpo a las necesidades financieras reales que "You, Inc." enfrentarán como una puesta en marcha.

Requerimientos Financieros del inicio de "You Inc.":

EJEMPLO

GASTOS DE INICIO	
Servicios jurídicos	$2,000
Servicios de imprenta: Tarjetas, Señalización y estacionario	$1,000
Costo de la conversión de tu camión hasta el "You, Inc." Servicio de camiones	$2,500
Los pagos financiación permanente de camiones—primer año de "You, Inc."	$5,000
Equipo de oficina	$1,500
Otro	$750
Los gastos totales de inicio	**$12,750**
ACTIVOS DE ARRANQUE	
Automático en los gastos de inicio Mano—Más allá de cubrir las demandas de efectivo iniciales	$20,000
Los activos, tales como inventario actual de los suministros necesarios para el servicio de los clientes	$5,000
Los activos de dicho término siempre y cuando tu camión y herramientas	$50,000
Los activos totales de inicio	**$75,000**
REQUISITOS financiero total para lanzar YOU, INC.	**$87,750**

Si se utiliza un programa de hoja de cálculo o lo hace en papel, diseñar todos los posibles gastos (de una sola vez y los gastos en curso) que se espera incurrir para poner en marcha "You, Inc." A continuación, detalla los activos que tiene a mano, tales como suministros, herramientas, y tu camión o camioneta, así como los activos que necesitarán en el futuro.

Herramienta rápida AYB: Ir www.AtYourBest.com y haz clic en "AYB Quick Tools" para una sencilla basada en Microsoft Excel, hoja de cálculo de **Startup Expenses**, que se puede descargar y modificar para sus propósitos fácilmente.

"YOU, INC.," PRONÓSTICO DE VENTAS

Un pronóstico de ventas en esta etapa de la planificación de tu lanzamiento al mercado tiene que ser brutalmente realista. Luchar contra cualquier impulso hacia la expresión de deseos. En tu lugar, pensar en términos de lo que realmente cree que se puede lograr, junto con los marcos de tiempo para que esto ocurra. Recuerde que tienes que tener en cuenta el tiempo que tarda en llenar tu cartera de clientes potenciales y la rampa encima de las ventas.

De acuerdo con nuestro tema de que "El efectivo es la vida," es necesario hacer un hábito de mirar siempre al tanto del valor en dólares de una transacción de venta, así como el costo para "You, Inc." para esa transacción. Hay términos y cálculos que pudimos entrar en la contabilidad aquí, pero eso se lo dejo a ti y tu contador / tenedor de libros. En este momento, sin embargo, quiero hacerles notar la importancia de mirar a cada venta de una línea de fondo, de pérdidas y ganancias perspectiva a tu "Margen bruto."

A los efectos de mantener esta presentación tan clara como sea posible sin convertir esto en una lección de contabilidad, voy a hacer una distinción sobre el dinero gastado en nombre de "You, Inc." Cuando gastar dinero para comprar suministros o cualquier otra cosa que específicamente pueden utilizar para completar un trabajo cliente, que el gasto se considera un costo de los elementos necesarios para generar ingresos por ventas o costo de ventas (CPV). Por otro lado, cuando se gasta dinero en cosas que le ayudan a operar "You, Inc.," que el gasto se considera un gasto.

Con esto en mente, el siguiente es el comienzo de una simple hoja de cálculo de pronóstico de ventas, por lo que puede imaginar lo que la creación de un pronóstico de ventas conlleva.

Pronóstico de Ventas de "You, Inc.":

EJEMPLO

Ingreso por Ventas PROYECTADO	Mes 1	Mes 2	Mes 3	El periodo total
Los ingresos proyectados de Cliente #1 (Obviamente, los clientes pueden ser diferentes por mes)	$1,500	$2,500	$2,500	$6,500
Los ingresos proyectados de Cliente #2	$1,000	$1,500	$3,500	$6,000
Los ingresos proyectados de Cliente #3	$1,250	$1,250	$2,000	$4,500
Los ingresos proyectados de Cliente #4	$0	$2,500	$1,000	$3,500
Proyectada total mensual de ingresos por ventas	**$3,750**	**$7,750**	**$9,000**	**$20,500**
COSTO de las mercancías vendidas (CMV) POR PROYECTADO VENTA				
El costo de ventas a la venta al cliente #1— (engranajes igual costo de los artículos necesarios para la venta)	$800	$1,800	$1,800	$4,400
El costo de ventas a la venta al cliente #2	$500	$800	$2,300	$3,600
El costo de ventas a la venta al cliente #3	$850	$900	$1,200	$2,950
El costo de ventas a la venta al cliente #4	$0	$1,900	$500	$2,400
Restar total proyectada costo mensual de ventas por venta	**$2,150**	**$5,400**	**$5,800**	**$13,350**
EL MARGEN BRUTO SOBRE PREVISIÓN DE VENTAS	**$1,600**	**$2,350**	**$3,200**	**$7,150**

Use sus Pronóstico de ventas para construir una lista o un "pipeline" para sus ventas proyectadas en los próximos meses. Trate de mantenerlo actualizado y aplicar tanta realidad y objetividad a cada uno de ventas proyectadas. Reconocer que es tu responsabilidad, y sólo suya en esta etapa, para "alimentar el pipeline de ventas." La alimentación del pipeline de ventas significa hacer el trabajo de encontrar y asegurar el siguiente, nuevo cliente para "You, Inc." Vamos a hablar más de esto en el próximo capítulo "At Your Best: En el Juego."

Haga tu pronóstico de ventas en un documento "vivo" de prospectivas de tal manera que una vez a la venta ocurre o ya no es probable quitárselo tu pronóstico de ventas. Además, como los meses transcurren, asegúrate de mantener a futuro, los saldos actualizados de laminación para proporcionar la mejor comprensión de ti, el bienestar financiero de "You, Inc."

Debe ser sencillo de la siguiente manera:

- ✓ Decidir sobre un período de tiempo que tienes que seguir—tres o seis meses o tan lejos como sea necesario para adquirir los suministros necesarios para cada puesto de trabajo cliente
- ✓ Crear una declaración periodo de varios meses a partir de este mes
- ✓ Intercambiar los datos asociados con el mes más reciente que acaba de transcurrido con los datos asociados con el mes siguiente en la línea en tu calendario período. En otras palabras, si tienes una declaración de tres periodos mostrando Mes 1 Mes a 3, intercambiar los datos asociados con el Mes 1 y agregar los datos de Mes 4 al final de tu declaración
- ✓ Volver a calcular los totales, revisar los resultados, y actuar en consecuencia hasta que transcurra este mes. A continuación, hacerlo de nuevo

Crear una declaración periodo de balance intercambiando datos de un "viejo" del mes con la información de un nuevo mes, para que "You, Inc." pueda mantenerse a sí mismo financieramente de acuerdo con la realidad actual del mercado.

Herramienta rápida AYB: Ir www.AtYourBest.com y haz clic en "AYB Quick Tools" para una sencilla basada en Microsoft Excel, **Sales Forecast**, que se puede descargar y modificar para sus propósitos fácilmente. Además, se incluyen ejemplos de cómo convertir sus previsiones de ventas en un documento "vivo" y basada en la realidad "pipeline" de negocio futuro.

Crédito hoy es negativa flujo de efectivo el próximo mes.

—GARTH B., CONTRATISTA, ATLANTA

"YOU, INC.," PRESUPUESTO DE GASTOS

Al igual que con tu pronóstico de ventas, tu costo proyectado presupuesto tiene que ser tan brutalmente realista y detallada como se puede llegar a entender y proteger tu lado negativo. Una vez más, recuerde diferenciar "Gastos" de "Costo de Ventas" por preguntarse, "¿Es este gasto requerido para un trabajo específico del cliente o para el funcionamiento de "You, Inc."? Si tu respuesta es esta última, es un gasto. Aquí es una forma muy sencilla de gastos planilla de presupuesto que se puede utilizar para pensar en cuáles serán sus gastos proyectados.

"You, Inc.," Presupuesto de gastos:

EJEMPLO

GASTOS PROYECTADOS	Mes 1	Mes 2	Mes 3	El periodo total
Alquiler por ahora asumirá "You, Inc." opera desde una oficina en casa	$0	$0	$0	$0
—Nómina de sus ingresos e impuestos relacionados, además de los otros empleados	$0	$250	$1,000	$1,250
Oficina/taller relacionado con el detallado en lo posible	$350	$350	$350	$1,050
Seguro	$500	$500	$500	$1,500
Vehículo relacionado con el detallado en lo posible	$750	$750	$750	$2,250
Otros—detallado en lo posible	$350	$500	$500	$1,350
GASTO TOTAL PROYECTADO	$1,950	$2,350	$3,100	$7,400

Utilice tu presupuesto de gastos para construir una imagen de sus gastos proyectados en los próximos meses. Trate de mantenerlo actualizado y aplicar tanta realidad y objetividad a cada uno los gastos previstos, incluso hasta el punto de redondeo en cualquier estimación para proteger aún más tu lado negativo. Como lo hicimos antes, con el pronóstico de ventas, hacer que el Presupuesto de Gastos de un documento "vivo" de tal manera que una vez que un gasto se lleva a cabo o ya no sea probable que realizar el cambio apropiado. Por último, como los meses transcurren, asegúrate de mover el recuento actualizado mirando hacia adelante para que "You, Inc." pueda mantenerse a sí mismo en las finanzas en línea con la realidad del mercado.

Herramienta rápida AYB: Ir www.AtYourBest.com y haz clic en "AYB Quick Tools" para una sencilla basada en Microsoft Excel, hoja de cálculo de **Expense Budget**, que se puede descargar y modificar para sus propósitos fácilmente. Además, se incluyen ejemplos de cómo dar vuelta a tu presupuesto de gastos en un documento "vivo."

"YOU, INC.," GANANCIAS Y PÉRDIDAS

Ahora, Estás listo para combinar los resultados de sus Pronóstico de ventas con los de tu presupuesto de gastos proyectados para crear tu Estado de Cuenta de pérdidas y ganancias proyectado. Al igual que con la previsión de ventas y el presupuesto de gastos, necesidades del "You, Inc." a ser un documento "vivo" también.

You, Inc. Ganancias y Pérdidas:

EJEMPLO

GANANCIAS Y PÉRDIDAS	Mes 1	Mes 2	Mes 3	El periodo total
Pronóstico de ventas				
Proyectado de ingresos por ventas	$3,750	$7,750	$9,000	$20,500
Menos Costo de Ventas	$2,150	$5,400	$5,800	$13,350
Margen bruto total proyectada sobre Ventas	**$1,600**	**$2,350**	**$3,200**	**$7,150**
Presupuesto de gastos				
Menos los gastos proyectados	$1,950	$2,350	$3,100	$7,400
GANANCIA O PÉRDIDA PROYECTADOS	**- $350**	**$0**	**$100**	**- $250**

En el escenario anterior, "You, Inc." se proyecta a perder dinero en el mes 1; para romperse incluso en el mes 2; y, hacer un poco de dinero en el Mes 3. Sin embargo, en general durante el período, se espera que "You, Inc." pierda dinero debido al lento comienzo en el Mes 1. Quieres asegurarse de que Estás manteniendo un reloj muy de cerca en tu actual y proyectado de Ganancias y Pérdidas para evitar ser sorprendido. Si lo hace, es la única manera, puedes proteger tu lado negativo y asegurarse de que, el éxito de "You, Inc." Si no lo hace, es el camino más seguro para garantizar la desaparición de "You, Inc."

Herramienta rápida AYB: Ir www.AtYourBest.com y haz clic en "AYB Quick Tools" para una sencilla, basada en Microsoft Excel, hoja de cálculo, **Profit & Loss Statement**, que se puede descargar y modificar para sus propósitos fácilmente. Además, se incluyen ejemplos de cómo dar vuelta a tu presupuesto de gastos en un documento "vivo."

"YOU, INC.," FINANCIACIÓN

Ahora que tiene una comprensión clara de lo que necesita para poner en marcha y operar "You, Inc.," tiene que decidir cómo va a financiar la puesta en marcha. Aquí están sus opciones de financiación probables:

Autofinanciación	Poner en marcha tu propio dinero para financiar la puesta en marcha de "You, Inc." con sus ahorros y tu valor neto. Autofinanciamiento le da la mayor cantidad de control sobre qué hacer y cómo hacerlo con la financiación utilizado para "You, Inc."
Deuda financiera	Pide prestado parte o la totalidad de los fondos necesarios para poner en marcha "You, Inc."

Financiación de la deuda significa que tú será algún día tenga que pagar el principal del préstamo, así como hacer el pago de intereses a lo largo del camino. Préstamos, por lo general, vienen con—amplias gamas de posibles requisitos o restricciones, en función de si el préstamo es un préstamo personal de amigos o familiares, o de un banco u otro tipo de prestamista. Los intereses pagados sobre la financiación vienen directamente de tu beneficio.

Financiamiento de capital

Se une a las fuerzas con otra persona, quien, a cambio de una participación en "You, Inc.," le proporciona los fondos necesarios para poner en marcha la financiación de "You, Inc." Equidad significa que un inversor. Un inversor significa un copropietario. Un copropietario significa renunciar a una parte de los beneficios y una medida de control.

⚒ AYB ASSIST

Small Time Operator—"Financiación"—"Financing" a partir de la pág. 10

The Art of the Start—Cap. 4 "El arte de escribir un plan de negocios"—"The Art of Writing a Business Plan"

"YOU, INC.," INFRAESTRUCTURA DETRÁS–OFICINA

Antes de que legítimamente puede iniciar "You, Inc.," es necesario tener tu "casa en orden" o de lo contrario probablemente se encuentre con una serie fea de los problemas organizativos, jurídicos y financieros. En otras palabras, por el mínimo, debes tomar medidas en el siguiente antes de aceptar tu primer pago del cliente:

✓ De tus licencias de negocios locales y estatales profesionales y permisos de "You, Inc." y deben ser actualizadas al día

✓ Se necesitarán Número de Identificación Federal de "You, Inc." y tu número de la Seguridad Social

✓ De tu cobertura del seguro personal de "You, Inc." y necesita estar en línea con sus planes de futuro

✓ Cuentas comerciales de "You, Inc." y sus cuentas bancarias y de crédito personales deben mantenerse separado y aparte

✓ Es necesario tener un sistema de contabilidad en el lugar que le permite capturar y mantener un registro de todas las transacciones y documentos asociados a cada uno de los clientes, proveedores, empleados, activos o pasivos con facilidad de "You, Inc."

Discutiremos éstos aún más en los próximos apartados. Sin embargo, mientras nos preparamos para discutir la planificación de tu lanzamiento al mercado, ya debería estar pensando en cómo va a establecer una base sólida con tu infraestructura de detrás—oficina.

 **AYB ASSIST**

Small Time Operator—

"Licencias y Permisos"—"Licenses & Permits" pag. 10,

"Números de Identificación Federal"—"Federal Identification Number" pag. 23,

"Seguro"—"Insurance"pag. 26, y Cap. 2 "Contabilidad"— "Bookkeeping"—(Por favor, lea el capítulo 2.)

"LICENSED, BONDED & INSURED"— "LICENCIA, GARANTÍA Y ASEGURADO"

Cada estado en los EE.UU. tiene un conjunto muy diferentes y en evolución de las necesidades de las empresas para operar en los 'Skilled Trades.' Estos requisitos están diseñados para informar y proteger a los consumidores del fraude, daños y responsabilidad. A menudo, uno de los primeros elementos de discusión que se necesita para hacer frente a un posible cliente será confirmar que "You, Inc." tiene "licencia, garantía y asegurados." A continuación se ofrece una breve explicación de estos términos.

Con licencia

La mayoría de los estados y gobiernos locales ofrecen algunas licencias del contratista. Las licencias se otorgan al mostrar que se compila con los requisitos especificados. Deberá entonces para mostrar tu número de licencia en tu tarjeta de visita, materiales de marketing, página web, etc. Si hay una licencia disponible en tu área, que sin duda debe seguirla. No sólo la licencia de añadir a "You, Inc." el sentido de profesionalismo, pero también puede ayudarle a obtener una indemnización si un cliente se niega a pagar. Además, muchos estados tienen sitios web públicos que ofrecen a los consumidores una referencia rápida, pero importante, para verificar la información y la credibilidad de un contratista como un negocio.

Garantizado

Un contratista de servidumbre ha establecido un enlace de seguridad, que por lo general se requiere con la obtención de una licencia o la suscripción a conceder un permiso de construcción. Cuando solicita una licencia estatal también tendrá que comprar un "bono de licencias y permisos." Estos bonos garantizan que tendrá que pagar los daños financieros si tu trabajo no cumple con las normas de licencias y permisos.

Asegurado

Por la publicidad que "You, Inc." está asegurado, significa que tienes seguro de responsabilidad civil en tu lugar en caso de archivos de un cliente de una demanda resultante de los servicios prestados o prometidos por "You, Inc." de seguro de responsabilidad civil cubre los gastos legales y daños resultantes de tales una demanda.

Herramienta rápida AYB: Ir www.AtYourBest.com y haz clic en "AYB Quick Tools" para una "Licensing Information Websites"—hasta al día por estado lista de sitios web agencia o departamento que proporcionan los requisitos específicos de licencia para cada estado y territorio de Estados Unidos.

¿QUÉ ESTRUCTURA LEGAL ES ADECUADA PARA "YOU, INC."?

La estructura empresarial jurídica correcta depende de sus objetivos de negocio y sus preocupaciones acerca de la protección de tu patrimonio personal. Como un pequeño negocio en los 'Skilled Trades,' que tiene una serie de opciones.

Propietario único

Una propiedad única es la estructura de negocio más simple y menos costosa (al menos en principio) de configurar.

✓ El ingreso de tu negocio se informó en tu declaración de impuestos personales

✓ Sus activos personales no están protegidos

• Si tu negocio se mete en problemas, todo lo que es el propietario del valor podría estar en riesgo

Asociación

Una sociedad es como un matrimonio: No es bueno pero también es malo, sobre todo si hay una ruptura.

✓ Es como una empresa unipersonal con más propietarios

✓ Los ingresos se divide de acuerdo a una relación pre—decidido entre los socios y se informó sobre sus formularios de impuestos personales

✓ patrimonio personal de los socios no están protegidos

• Si el negocio se mete en problemas, todo lo de valor que es propiedad de los socios—personal—puede estar en riesgo

✓ En el caso de que el negocio se disuelve, las deudas y activos se dividen entre los socios—es de esperar, de acuerdo con una fórmula pre—dispuesto

Sociedad de Responsabilidad Limitada (LLC)
(Limited Liabilility Corporation)

Una LLC permite que incluso un negocio de una sola persona para incorporar para proteger tu patrimonio personal.

✓ El ingreso de tu negocio todavía se informó sobre sus impuestos sobre la renta personal, pero ahora se le conoce como "ingresos de negocios de paso a través" que pueden ser gravados a una tasa más atractiva

✓ Tienes que registrar tu LLC con tu estado

✓ Sus bienes personales están protegidos de las de tu empresa

- Si tu negocio se mete en problemas, sus bienes personales no estarán en riesgo, siempre y cuando el problema en cuestión no implica:
  ◊ El incumplimiento de los impuestos de depósito retenido de los empleados
  ◊ Mezcla las finanzas personales y de negocios
  ◊ Fraude

Corporación S

Una Corporation-S es más compleja y costosa de instalar que una LLC pero ofrece beneficios fiscales adicionales para ti y tu empresa.

✓ El ingreso de tu negocio se informa en tu declaración de impuestos personales como "ingresos de negocios de paso a través," que será gravada a una tasa más atractiva

✓ A medida que el propietario de la empresa, se le paga un salario y puede ganar bonificaciones contra el que la empresa retiene impuestos relacionados con los empleados, reduciendo así tu carga fiscal que permite a la empresa a cancelar una parte de esos impuestos de los empleados

✓ Al igual que en la estructura LLC, sus bienes personales serán protegidos por la ley

Mi recomendación: Una propiedad única o una asociación puede ser el más fácil, más rápido y menos costosas estructuras para establecer inicialmente, pero algunos riesgos inherentes que se describen anterior-mente. Mi recomendación fuerte para ti es que considerar seriamente la posibilidad creación de una LLC (Limited Liability Corporation) para "You, Inc." para dar varias protecciones legales importantes.

La Formalización de la Estructura Legal de "You, Inc."

Cuando se haya decidido sobre la estructura jurídica adecuada para "You, Inc.," tendrá que haga que sea formalizada. En esta primera etapa, el proceso y los costos asociados con la formalización de la estructura legal de "You, Inc." no será significativa, ciertamente no en comparación con los costos y problemas asociados a no hacerlo en absoluto. Puedes hablar con un abogado local para elaborar los documentos necesarios o puede utilizar un servicio legal en línea, tales como LegalZoom y Rocket Lawyer.

De cualquier LegalZoom o Rocket Lawyer le proporciona un enfo-que rápido, barato, en línea con la creación de "You, Inc." Ir a www .LegalZoom.com y haz clic en "Business Formation" y/o ir a www .RocketLawyer.com y haz clic en "Business." Se le llevará a través de un proceso sencillo paso a paso.

AYB ASSIST

Small Time Operator—"Estructura legal"—"Legal Structure" pag. 15 y "You, Incorporated" pg. 83

—————— CAPÍTULO 10 REPASO ——————
At Your Best: El Saque Inicial

» Para estar At Your Best desde el principio, tendrá que preguntar y responder a muchas preguntas, que pueden poner en seis categorías: qué, por qué, quién, cómo, cuándo y dónde. Un ejemplo de cada uno sería:

- ¿Qué es un pronóstico de ventas realista para "You, Inc."?
- ¿Por qué ahora es el momento adecuado para poner en marcha "You, Inc."?
- ¿Quiénes son sus clientes potenciales o clientes iniciales?
- La cantidad de capital—dinero en mano—se necesita para poner en marcha y operar "You, Inc."?
- ¿Cuándo se deben completar tareas específicas?
- ¿Dónde está la extensión de "You, Inc." el mercado local?

» Los clientes de "You, Inc." necesitan ser el centro de tu universo.

- Uso 3P+A para estar At Your Best con sus clientes actuales y potenciales

» El plan de Ir-al-mercado de "You, Inc." tiene que estar compuesto por tres componentes principales:

- Estrategia central de negocio
- Plan de Cronometraje y Acción
- Finanzas proyectadas

» Definir el posicionamiento en el mercado de "You, Inc." es un importante ejercicio de planificación empresarial para ayudar a entender claramente cómo "You, Inc." y los servicios que ofrece ajuste en tu mercado local.

» Triunfos rápidos ayudan a ver resultados inmediatos y comenzar tu impulso.

• Identificar las áreas y tareas que se pueden convertir en una victoria rápida y hacer que suceda.

» Construir tu Plan de Cronometraje y Acción

• Objetivo a lo estratégico que quiere lograr

• Hitos cuando se completarán los eventos de umbral

• Acciones y tareas tácticas—cómo logrará los elementos del objetivo y quién es responsable

» Para "You, Inc.," el efectivo es la vida. Es necesario pensar a través de los aspectos financieros de lanzamiento "You, Inc."

• La puesta en marcha necesidades financieras

• Pronóstico de ventas

• Presupuesto de gastos

• Declaración de ganancias y pérdidas

» Es necesario configurar "You, Inc." como una persona jurídica y armar tu infraestructura detrás–oficina

At Your Best:
En el Juego

ESTÁS AT YOUR BEST
en la prestación del servicio al cliente de más alto nivel y la calidad del producto del trabajo.

AT YOUR BEST EN LA CANCHA

¡Felicidades! Ha iniciado tu negocio y "You, Inc." tiene sus primeros clientes de pago. Eso es un tremendo hito que muchos otros nunca llegan. Ahora, deseas continuar para ser diferente y quieres evitar en "You, Inc." el feo destino que un gran porcentaje de pequeñas empresas a cumplir porque no se centran en los factores críticos de éxito que han mantenido el ir y creciente. A modo de resumen, los factores críticos de éxito normalmente son:

- ✓ Consistente de entrega de servicio de alta calidad
- ✓ Enfoque en el servicio al cliente y fidelización
- ✓ Financiera y de gestión de flujo de efectivo
- ✓ Efectividad de la operación y procesos de negocio
- ✓ El éxito en ventas y marketing
- ✓ Liderazgo de un pequeño equipo

Que necesita para estar al tanto de estos factores críticos de éxito. Tienes que pasar el tiempo que sea necesario para profundizar en cualquier tema que no está del todo bien. Tienes que ser capaz de responder y / o tomar medidas sobre las siguientes preguntas:

✓ ¿Qué acciones están tomando para poner siempre a sus clientes en primer lugar?

✓ ¿Está convirtiendo cada cliente en un "cliente incondicional" (un Raving Fan) para "You, Inc."? (Más sobre "Raving Fans" en breve).

✓ ¿Cuál es tu posición de efectivo y cuáles son los gastos en contra de ella, en la actualidad; o esta semana; o la próxima semana o mes?

✓ ¿Está siendo frugal con sus gastos, manteniendo tu presupuesto de gastos menos de tu previsión de ventas?

✓ ¿Están presentando una impresión profesional y de alta calidad en cada interacción con el cliente? Si no es así, ¿por qué y cómo va a arreglar eso?

✓ ¿Qué estás haciendo para obtener tu próximo cliente? ¿Y, el siguiente? ¿Está "alimentando el "pipeline de ventas"?

✓ ¿Ha conseguido tu conjunto inicial de "multiplicadores de fuerza" en tu lugar y está defendiendo que "You, Inc."?

✓ ¿Está el proceso de mantenimiento de registros detrás-oficina ayudando a mantener el rumbo? ¿Necesitas alguien que te ayude?

✓ ¿Cómo estás de seguimiento respecto a sus planes originales Ir-Al-Mercado? ¿Qué cambios debería hacer?

✓ Recuerda, lo que "sea." Pregunta, ¿es realista? ¿Lo SWOTizáste?

SERVICIO AL CLIENTE: TU VENTAJA COMPETITIVA

Como iniciar y trabajar para conseguir que, Inc. en curso, vas a tener que competir con otras empresas en tu mercado local. Pueden ser más establecidos, o pueden socavar tu precio, o pueden simplemente estar allí en primer lugar. "You, Inc." tiene la oportunidad de diferenciarse desde el principio, centrándose en proporcionar el mejor servicio posible al cliente.

Nada va a diferenciar "You, Inc." más claramente de toda tu competencia que "You, Inc." ofrece un servicio excelente al cliente. Excelente servicio al cliente no es algo que los clientes esperan más porque se han acostumbrado a no conseguir que los proveedores de servicios en cualquier industria. Por desgracia, la gente ha llegado a esperar mala o mediocre servicio al cliente. Mi definición de "excelente servicio al cliente" es: proporcionar constantemente a sus clientes un nivel de servicio que supere sus expectativas—va "más allá" hasta el punto de que se conviertan en tu defensor.

Por desgracia, hoy en día un excelente servicio al cliente no es una excepción a la regla. Cuando cualquier cliente experimenta realmente excelente servicio al cliente es una sorpresa y un memorable que por lo general cuentan a sus amigos y familiares. Imagine el impacto en la percepción de sus clientes de ti, de servicio al cliente y en "You Inc." el negocio, si uno mira activamente formas de sorpresa y satisfacción a sus clientes en cada interacción.

Pensar en ello en tu propia vida. Piensa en cómo rara vez se ve excelente servicio al cliente suceda y lo bien que se hace sentir cuando no lo experimenta y desea regresar. Dar un excelente servicio al cliente de parte de "You Inc." ofrece una ventaja competitiva indiscutible. Convirte los clientes de "You, Inc." a "clientes incondicionales" o "Raving Fans."

Raving Fans es el título de un libro corto, único escrito por Ken Blanchard y Sheldon Bowles. Es una lectura muy, rápida (132 páginas) que cambiará radicalmente tu perspectiva sobre la forma de establecer y construir relaciones sólidas y duraderas con sus clientes, convirtiéndolos en "incondicionales" para "You, Inc."

No puedo recomendar más encarecidamente que se tome la oportunidad de leer *Raving Fans*. De nuevo, es un libro muy corto, único y peculiar, y es una lectura muy rápida. Está escrito como una parábola de humor a aplicarse a empresas de cualquier tamaño en cualquier industria. Tu "guía" y uno de los personajes principales del libro es un hada madrina, que pasa a ser un macho de golf amante. Aun así, aprenderás algunas lecciones de importancia crítica que, a su vez, podrían convertirse en ventajas para "You, Inc." de más efectivos, sin competencia, competitivo a medida que construye tu pequeña empresa.

En los términos más breves, Raving Fans le guía a través de sus tres "reglas secretas" para convertir a los clientes en "Raving Fans."

Regla #1 "Decidir sobre lo que quiere."

Establecer tu propia visión de lo que tú cree que excelente servicio al cliente debe ser similar para "You, Inc." Decidir sobre lo que tú cree que constituye los elementos de la experiencia de servicio al cliente, Inc. que desea presentar a tu mercado local que va a diferenciar "You, Inc." de los competidores.

Regla #2 "Descubre lo que quiere el cliente."

Activamente involucrar a sus clientes para conocer cuáles son sus opiniones y expectativas de excelente servicio al cliente podría parecerse al pedirles directamente sobre tu experiencia con "You, Inc." Reconocer que si permanecen en silencio o simplemente decir: "Está bien," le preguntas a un mejor más preguntas porque probablemente no son en nada más satisfechos. Estar listos y abiertos a sus sugerencias o críticas y no ponerse a la defensiva. Tu objetivo es comparar lo que el cliente quiera con tu visión y determinar qué cambios puede que tenga que hacer a tu visión.

Regla #3 "Entregar la visión más uno por ciento."

Consistentemente cumplir con tu visión de servicio al cliente excelente teniendo en cuenta las expectativas de sus clientes. Centrarse en aquellos elementos de tu visión que tú sabe que "You, Inc." puede entregar no importa qué y establecer las expectativas en consecuencia. A continuación, empuja "You, Inc." para ir más allá mediante el compromiso de la mejora continua de un bit a la vez, sólo uno por ciento de mejor con el fin de acercarse cada vez más a tu visión completa de excelente servicio al cliente.

AT YOUR BEST CON MULTIPLICADORES DE FUERZA

En la Parte 2 de este AYB Playbook, discutimos como multiplicadores de la fuerza magnifican el alcance de "You, Inc." en sus esfuerzos para encontrar un trabajo. Ahora, con "You, Inc." como una pequeña empresa, es necesario pensar en términos de cómo hacer "You, Inc." aspecto y actuar más grande que la realidad. Quieres tratar siempre de hacer un positivo impacto descomunal en sus clientes, de sus contratistas y en tu mercado para impulsar el crecimiento y el éxito de "You, Inc." La manera más efectiva de hacerlo es construir relaciones con "multiplicadores de fuerza " claves.

Recordatorio: Un multiplicador de fuerza potencial es cualquier persona o empresa cuya posición en el mercado les da acceso a clientes actuales y potenciales que te gustaría tener como tú, clientes y prospectos de "You, Inc." Un multiplicador de fuerza podría ser:

- ✓ El mejor contratista (s) en general de no haber trabajado para
- ✓ El mentor, que "se tomó bajo tu ala" cuando se empieza a cabo

- ✓ Los proveedores de hardware, suministros y equipos dentro de 10–15 millas de tu mercado local
- ✓ Los cinco principales promotores en tu comunidad, que siempre se les pide tu opinión sobre los proveedores de servicios
- ✓ Los cinco principales firmas de arquitectura e ingeniería de la ciudad, que siempre están en busca de excelentes contratistas
- ✓ El propietario de la flota más frecuente de camiones de servicio que se ve cuando se está manejando en la ciudad
- ✓ El diácono en tu iglesia, que también pasa a ser el jefe de una asociación de constructores locales
- ✓ Cualquier persona con la que una relación daría "You, Inc." acceso a los clientes que de otra manera estaría fuera del alcance

CRECIENDO "YOU, INC." A TRAVÉS DE REDES DE NEGOCIOS

Haz construido tu carrera con la mentalidad de un artesano y un compromiso para estar At Your Best. Ahora tiene que correr la voz de que "You, Inc." es sorprendente por tu cuenta. Es necesario crear una "red" para establecer y construir relaciones con los multiplicadores de fuerza, que se extenderán el alcance y las oportunidades de "You, Inc." para el éxito. Lo que pasa es que "en red" no significa conocer gente y con la esperanza de que les va a gustar lo suficiente como para recomendar mágicamente "You, Inc."

El verdadero trabajo en red, efectiva sólo resulta de ser el tipo de persona o empresa que otros quieren conocer y / o recomendar. Todo se reduce al hecho de que la gente en realidad sólo quieren conocer o recomendar "You, Inc.," si "You, Inc." tiene algo único y valioso que ofrecer y si "You, Inc." hará que se vean bien en el proceso.

Línea de fondo: una red eficaz necesaria para construir tu "equipo" de multiplicadores de la fuerza se reduce a centrarse en tratar de responder a la siguiente pregunta: ¿Qué hay en él para ellos? No y no puede venir de centrarse en tratar de responder: ¿Qué hay en ella para ti? "¿Qué hay en él para ti?" Vendrá a tu debido tiempo, siempre y cuando le das a cada persona o negocio en la red las razones para querer ser tu multiplicador de fuerza de confianza.

Esto no es una cosa de una vez y hecho—Mientras más "semillas" plantes—asegurando los multiplicadores de fuerza listos para abogar en tu nombre—el Inc. amplia y más profunda será tu penetración potencial de mercado. Recuerde: Es todo acerca de lo que hay en él para ellos. Busque oportunidades para preguntar: "¿Cómo puedo ser útil para ti?" Hay que hacer una inversión consistente, honesto en lo que es valioso para ellos quieren asociarse a sí mismos y tu credibilidad negocios con "You, Inc."

Lo bueno es que ya está bien en tu camino. Que tiene un plan y que está **At Your Best**. Ahora, es el momento de poner "You, Inc." en el tope-de la-mente con los multiplicadores de fuerza clave. Construir tu red de multiplicadores de la fuerza por estar **At Your Best**.

AYB ASSIST

Guerrilla Marketing: Remix—Cap. 38 "Redes Guerrilla"—
  "Guerrilla Networking"
The Art of the Start—Cap. 8 "El arte de asociarse"—
  "The Art of Partnering"

"YOU, INC.," VICEPRESIDENTE DE VENTAS Y DESARROLLO DE NEGOCIOS

"You, Inc." prospera y crece en correlación directa con tu capacidad y compromiso para identificar nuevos clientes y generar ventas. Puede que no sea tu punto fuerte, pero es necesario para abrazar a tu vendedor interior. La diferencia entre la mediocridad y la excelencia depende de ti. Que necesita para verse a sí mismo como el conductor de nuevos negocios para "You, Inc."

No hay duda de que hay una escasez en todo el Estados Unidos por personas capacitadas y las empresas en los 'Skilled Trades.' Por tu propia naturaleza, una escasez representa una oportunidad para cualquier persona, que está calificado, para satisfacer la demanda. La pregunta es si se va a satisfacer esa demanda por esperar pasivamente a que tu teléfono suene o mediante la búsqueda activa de sus oportunidades de éxito.

Recomiendo encarecidamente que se tome el abrazo y el papel de "vicepresidente de Ventas y Desarrollo de Negocios" con el entusiasmo y la pasión. Es tu trabajo para "alimentar la tubería." Tu alimentación, "Aliméntate, Inc." significa la construcción de un flujo constante de clientes potenciales desde el que potencialmente obtener ingresos.

A medida que el vicepresidente de ventas y desarrollo de negocios, debes centrarse en:

- ✓ La comprensión de las necesidades de los clientes y ofrecerles soluciones y soporte
- ✓ La identificación, la clasificación, y el cierre de oportunidades de ventas del cliente
- ✓ La construcción de relaciones con los clientes actuales y potenciales para tu posible futuro negocio
- ✓ Creación y ejecución de ventas proactivas, orientadas y prospección estrategias para construir un gasoducto para futuros negocios
- ✓ El establecimiento y la construcción de relaciones de beneficio mutuo con otras empresas complementarias y "multiplicadores de fuerza"

Piensa acerca de lo que implica este papel y la forma en que tiene que ver con la conducción de negocios—todos mientras que se mantienen en la cima de negocios actuales, clientes y empleados. Una vez más, abrazar el papel y hacer que tu misión en el futuro.

AYB ASSIST

Guerrilla Marketing: Remix—Cap. 44 "Guerrillas Selling"
The Art of the Start—Cap. 10 "The Art of Rainmaking"

LA DIVULGACIÓN DE "YOU, INC." EN EL MERCADO

Para "You, Inc." para clientes tiene, en primer lugar, tiene que correr la voz de que "You, Inc." está "abierto para los negocios!" En la sección—El inicio—discutimos el posicionamiento en el mercado de precedente de "You, Inc." Se les animó a hacer un análisis SWOT para diseñar fortalezas, debilidades, oportunidades y amenazas de "You, Inc." Ahora, vamos a poner tu trabajo en el posicionamiento de uso para "You, Inc."

Una vez más, como propietario de una pequeña empresa, que son a la vez el CEO y el vicepresidente de Ventas y Desarrollo de Negocios. Es tu trabajo para correr la voz. Tendrás que pensar en cómo presentar "You, Inc." y tu oferta de servicios de una manera que da al oyente una comprensión clara de lo que "You, Inc." ofrece y por qué es diferente y mejor que la competencia. Una forma probada y verdadera—de hacerlo es crear tu "discurso del ascensor" para ti, el negocio de "You, Inc."

Aunque hemos discutido la creación de un discurso de ascensor anteriormente en este AYB Playbook, vamos a entrar en detalle un poco más aquí. Un discurso de ascensor es una breve (20–30 segundos), conjunto de persuasión de puntos de conversación que se pueden utilizar para despertar el interés de tu oyente (s). Tendrás que practicar tu argumento de

venta, a menudo incluso delante de un espejo de tener que resulten natu-
rales como se habla de "You, Inc." y por qué tu oyente debe considerar el
uso o recomendar "You, Inc."

Las partes de un discurso de ascensor eficaces son fáciles de describir.
Sin embargo, son menos fáciles de construir realidad porque hay que
pensar en lo que quiere decir, sin tener que gastar demasiado tiempo en
una sola zona. Tu objetivo general es decir justo lo suficiente para captar
la atención de los oyentes para que se le dan retroalimentación y solicita
más información. Igual de importante, lo que necesita saber tu audiencia
y adaptar tu argumento de venta para hacer frente apropiado para ellos
tratar de llegar a una talla única para todos.

Estos son los pasos para crear tu argumento de venta:

1. **Define tu objetivo claramente.** Quieres decir a los clientes potenciales, "multiplicadores de fuerza," o cualquier otra persona
   acerca de "You, Inc."; se quiere introducir una nueva oferta de
   servicios; o si desea dejar que la gente sabe de otra cosa.

2. **Explicar lo que quiere "You, Inc."** ¿Quieres dejar claro que "You,
   Inc." es un nuevo jugador en el mercado local y que está ahí
   para satisfacer la necesidad de que no se cumplan por tu
   competencia?

3. **Describir la propuesta única de venta "You, Inc."** Desea que el
   oyente sabe que a través de cualquiera de tu atención a tu oficio; o bien, a través de tu compromiso con un excelente servicio
   al cliente; o bien, a través de tu tiempo, dentro del presupuesto
   prestación del servicio; o bien, a través de alguna otra manera
   "You, Inc." es único en el mercado.

4. **Involucrar a tu oyente con una pregunta de cierre.** ¿Quieres hacer
   una pregunta para que el oyente se proporcionan retroalimentación sobre tu argumento de venta? Asegúrate de que tu pregunta

de cierre es en lugar de una pregunta que puede ser contestada con abierto un "sí" o "no." Por ejemplo, podrías preguntar: "¿Cómo cree que "You, Inc." posiblemente podría ayudarle en un futuro próximo? "O, tal vez pregunte: '¿Quién me recomienda que me comunicara contigo que podría utilizar, servicios Inc.?'

5. **Puesto # 2, # 3 y # 4, juntos.** Ahora debe tener un conjunto de puntos que hablan de tres o cuatro frases y un cierre de preguntas que establece lo que "You, Inc." hace, lo que lo hace único, y una pregunta de la participación del oyente para ser voluntario sus comentarios sobre cómo "You, Inc." podría estar al servicio de ellos o alguien que conocen.

6. **Práctica, práctica, práctica.** Quieres asegurarse de dar tu argumento de venta tan natural como decirle a alguien tu nombre y dirección. Cuanto más practiques, más fácil será para que tú tenga tu argumento de venta en la lista para cualquier oportunidad de correr la voz.

Ahora, salir y correr la voz de que "You, Inc." está abierto para los negocios.

✓ Buscar activamente oportunidades para dar tu argumento de venta para alguien nuevo

✓ Establecer un objetivo por sí mismo para cumplir con dos o tres personas nuevas cada día a las que puede dar a tu argumento de venta y preguntar, "¿Cómo cree que "You, Inc." le pueden ayudar o alguien que conoce en un futuro próximo?"

✓ Siempre, siempre mantener algunas fresco y profesionalmente impresa "You, Inc." tarjetas de visita disponibles para entregar a un cliente o fuerza potencial multiplicador

Un enfoque que podría considerar es el uso de la hoja de trabajo de sincronización y acción plan para crear un plan para tu desarrollo de negocio, estrategia de difusión a correr la voz de que "You, Inc." está abierto para los negocios.

✓ Haz una lista de sus objetivos, las tareas individuales que deben llevarse a cabo, y el hito que deben cumplirse junto con las fechas en las que se tienen que hacer

✓ Ser tan detallada como sea posible para romper estas abajo para que tú y tu equipo diaria o semanal para golpear objetivos para reuniones o visitas o personas nuevas para cumplir o lo que sea necesario

✓ Mantener el plan contigo o fácilmente disponible de modo que se puede mantener la parte superior de la mente en tu vida diaria

✓ Mantenga ti mismo y tu equipo responsable de completar los elementos de la lista para que pueda tachar y pasar a la siguiente

✓ Sea consistente, profesional, y ser persistente

En pocas palabras: Corresponde a ti para que "You, Inc." sea exitoso. Decidir y hacer que suceda mediante la celebración de hacerse responsable de tu crítico más duro tú mismo.

Herramienta rápida AYB: Ir a www.AtYourBest.com y hacer clic en "AYB Quick Tools." Para una Microsoft Word para desarrollar tu propio **Elevator Pitch**. Además, se encuentra **Timing & Action Plan** (el Plan de Cronometraje y Acción) basada en Microsoft Excel.

AYB ASSIST

Guerrilla Marketing: Remix—Cap. 44 "La venta de Guerrillas"—
"Guerrilla Selling"
The Art of the Start—Cap. 10 "The Art of Rainmaking"

RESEÑAS DE CLIENTES EN LA WEB Y CLIENTES POTENCIALES

Una de las maneras más eficaces de "correr la voz" es hacer que sus clientes lo hagan por ti en Internet. Sus clientes pueden ser una enorme fuente de nuevos clientes potenciales clientes simplemente yendo a la web y dar tu opinión sobre "You, Inc." y sus servicios. Los más destacados servicios de revisión y clasificación en línea para los contratistas son **Angie's List** y **Home Advisor**, aunque existen otros sitios. Los comentarios en este tipo de sitios pueden ser un arma de doble filo ya que no se puede controlar lo que se dice y cómo son calificados. Sin embargo, si opera sobre una base de estar siempre **At Your Best**, la espada debe siempre estar cortando a tu favor.

Muchos, muchos de sus clientes potenciales van a visitar uno de estos sitios antes de te llaman de la nada o recibe una llamada de vuelta de tu alcance. Estos servicios en línea actúan como un sistema de referencia de clientes y un medio por el cual los clientes potenciales pueden hacer tu diligencia debida en "You, Inc." caso de ellos a tu propio riesgo. No es negocio de bienes que se obtienen de cultivar tu presencia en estos sitios de revisión en línea, que siempre comienza con la entrega del mejor producto de un trabajo de calidad y dar un excelente servicio al cliente.

Teniendo en cuenta que estos servicios en línea se actualizan continuamente sus sitios web y procesos, no vamos a exponer cómo orientar específicamente a sus clientes para publicar sus opiniones y valoraciones sobre nombre de "You, Inc." Baste decir que desea animarles a hacerlo.

Usted, inmejorable, la ventaja competitiva de tu Inc. es, excelente servicio al cliente consistente. Tomar ventaja de eso. Conseguir a sus clientes a cuentan sobre el gran servicio al cliente ofrecido por "You, Inc." y hacer que trabaje a tu favor, sin costo alguno para ti.

Herramienta Rápida AYB: Ir www.AtYourBest.com y haz clic en "AYB Quick Tools" para un **Client How-to-do Ratings**—una forma fácil de seguir, hasta a la fecha de instrucciones que puede distribuir a sus clientes satisfechos para que puedan ir a sitios web **Angie's List** y **Home Advisor** para dar sus reseñas y calificación del servicio al cliente excelente de "You, Inc."

HERRAMIENTAS DE MARKETING— "TABLE STAKES MARKETING TOOLKIT"

Como una pequeña empresa, los recursos siempre van a ser ajustadas, sobre todo hasta que "You, Inc." se está ejecutando con un flujo constante de nuevos y antiguos clientes y los ingresos resultantes. Por lo tanto, es fundamental que "You, Inc." dará su mejor oportunidad de éxito con un plan de acción de marketing bien ejecutada o estrategia para crear ese flujo constante de clientes e ingresos. El caso es que la "comercialización" significa muchas cosas dependiendo de quién se le pregunte y cualquiera que sea la definición que se obtiene, viene con una etiqueta de precio.

Para el efectos de estar **At Your Best** como una nueva, por cuenta propia pequeña empresa en los 'Skilled Trades,' creo que es necesario pensar en términos de "marketing de apuestas de la mesa." En los negocios, "apuestas de mesa" el conjunto mínimo de requisitos para perseguir o entrar en un acuerdo de negocios. Para "You, Inc.," esas apuestas de la mesa incluye sus habilidades y reputación como un artesano, sus herramientas de trabajo necesarias para hacer el trabajo a mano, y tu comercialización "herramientas" que presentamos, la imagen de "You, Inc." a sus clientes, perspectivas, y como multiplicadores de la fuerza profesional y creíble. Este último elemento de las apuestas de la mesa por "You, Inc.," representa el conjunto mínimo de herramientas de marketing que Debes planear tener en tu lugar a medida que construye tu nueva pequeña empresa.

Ya sea que se monten sus propias herramientas de marketing, o bien utilizar los que están disponibles a través de AYB Quick Tools, para el "Table Stakes Marketing Toolkit" que incluye:

Tarjeta de visita de "You, Inc."

Es necesario tarjetas de visita presentables y de impresión profesional disponibles en todo momento, que incluye:

- ✓ Su razón social
- ✓ Tu nombre
- ✓ Su número de teléfono de la empresa
- ✓ Su dirección de correo electrónico de negocios
- ✓ Su dirección de correo

Número de Teléfono de "You, Inc."

Se necesita un número de teléfono de la empresa que es independiente y diferente de tu teléfono personal

- ✓ Su teléfono de la empresa debe tener mensajería de voz y llamar a las capacidades de reenvío al mínimo

Dirección de correo electrónico de "You, Inc."

Necesita una dirección de correo electrónico de negocios que es independiente y diferente de tu correo electrónico personal

- ✓ Debes hacer planes para utilizar el sencillo proceso de organización de las carpetas de correo electrónico para ayudarle a gestionar tu correspondencia de correo electrónico de negocios con las carpetas para cada cliente, perspectiva, proveedores, acreedores y empleados, por nombrar sólo unas pocas categorías posibles de carpetas para organizar los mensajes de correo electrónico por separado.

Dirección postal de "You, Inc."

Necesita una dirección de correo negocio que está separado y es diferente de tu domicilio

✓ Puedes inscribirse para un buzón de correo de bajo costo que le permitirá mantener tu negocio y asuntos personales separado, al tiempo que presenta una imagen más profesional

Formularios y papelería de "You, Inc."

Es necesario formas de aspecto profesional y papelería para tu uso con clientes, prospectos y otros

✓ Puedes tener todas las formas, como facturas, las estimaciones para los servicios, folletos publicitarios, y las letras en blanco, como plantillas en formato electrónico para que pueda modificar cada forma según sea necesario

Sitio Web de "You, Inc."

Es necesario establecer una presencia sitio web de negocios para "You, Inc."

✓ Puedes tener un sitio web básico en marcha muy rápido y económico. Tu sitio web puede simplemente proporcionar la información necesaria visión general acerca de "You, Inc." para transmitir la credibilidad que necesita cuando se trata de sus clientes potenciales, clientes, proveedores y el público en general

Discurso de ascensor(es) ("Elevator Pitch") de "You, Inc."

Tienes que ser capaz de comunicarse con facilidad y rapidez que tú, la propuesta de valor de negocio "You, Inc." y lo que tú ofreces

✓ Debes tener una clara y fácil de entender un conjunto de puntos que puede confiar en hablar de hablar con nadie acerca de "You, Inc."

Herramienta rápida AYB: Ir www.AtYourBest.com y haz clic en "AYB Quick Tools" para una fácil de seguir, instrucciones de que se disponga sobre la manera de construir tu **"Table Stakes Marketing Toolkit"**

El AYB Table Stakes Marketing Toolkit consta de las siguientes herramientas, hojas de trabajo, y las plantillas:

✓ **You, Inc., Tarjeta de visita:** Una plantilla basada en Microsoft Word que se puede utilizar para insertar fácilmente tu información específica y la mano fuera a una impresora profesional o un servicio de producción de tarjetas de negocios en línea

✓ **You, Inc., Negocio Dirección de correo:** Un desglose de cómo establecer un negocio de sólo dirección de correo por separado con un enlace para configurar una casilla de correo con tu oficina local de correos de Estados Unidos o un enlace para ver tu UPS tienda local donde se configura una dirección de correo con una calle abordar, lo que podría satisfacer sus propósitos mejor

✓ **You, Inc., Dirección Comercial E-mail:** Un enfoque paso a paso para crear una nueva dirección de correo electrónico para "You, Inc." usando Gmail de Google. Obviamente, hay muchas alternativas a Gmail y se le anima a hacer lo que cree que es mejor para "You, Inc."

✓ **You, Inc., Formularios y Papelería:** Un conjunto de plantillas basadas en Microsoft Word y fáciles de usar, diseñado para ser modificado rápidamente para darle, la correspondencia y los negocios de Inc. constituye un aspecto profesional en toda tu correspondencia con clientes, prospectos y el mercado

✓ **You, Inc., Sitio web de negocios:** Una, unidad actualizada proceso para la creación de un sitio web básico para "You, Inc." Nota: Hay muchos enfoques creación de sitios web que puedes tomar para lograr el mismo objetivo. Las instrucciones presentadas será para el servicio más fácil de usar, en línea que puedo encontrar para crear presencia en la web esencial de "You, Inc." de la manera menos costosa y más sencilla. Estas instrucciones se puede esperar que cambie con el tiempo, por lo que deben descargar la versión más actualizada de la Guía práctica antes de comenzar

✓ **Elevator Pitch:** Una hoja de cálculo de Microsoft Word basado en el desarrollo de tu propio Elevator Pitch

"YOU, INC.," TECNOLOGÍA Y FUNCIONAMIENTO DE TU NEGOCIO

La tecnología está en todas partes. Así que gran parte de ella puede ser una distracción y una pérdida de tiempo. Sin embargo, existen soluciones tecnológicas que podrían hacer una gran diferencia en ayudar a hacer crecer "You, Inc." sólo se referirá a unas pocas áreas que creo que de inmediato podría ayudarle a afectarlo, la eficacia de "You, Inc."

Tu Smartphone

Tu teléfono inteligente puede convertirse en una herramienta de trabajo muy poderosa utilizada para apoyar sus esfuerzos para construir la estructura de "You, Inc."

✓ Se puede utilizar para tomar una foto y enviarla a un cliente de un problema que acaba de destapado para que sean conscientes de ella rápidamente y no tener que retrasar el trabajo

✓ Tú o los miembros de tu equipo pueden utilizar para tomar una imagen o video de un problema que puede estar trabajando y compartirlo con un artesano con más experiencia, que pueden no estar cerca de tu lugar de trabajo pero que tiene los conocimientos necesarios para abordar la cuestión a mano

✓ Se puede utilizar para gestionar todos los procesos de negocio críticos de "You, Inc." mientras están en movimiento

El teléfono inteligente y la amplia gama de aplicaciones comerciales disponibles pueden aumentar tu efectividad a bajo costo. A continuación son sólo una pequeña muestra de las herramientas móviles fácilmente disponibles en tu dispositivo.

Finanzas y Contabilidad

Puede gestionar todas las tareas financieras de "You, Inc.," incluyendo la facturación, nóminas, impuestos y para que tengan una idea clara y completa de la salud financiera de "You, Inc." Estas soluciones son fáciles de usar y son muy baratos, especialmente teniendo en cuenta el enorme valor a "You, Inc." Eche un vistazo a:

✓ QuickBooks en www.QuickBooks.com

✓ Fresh Books en www.FreshBooks.com

Tiempo de Seguimiento y Facturación

Dependiendo de cómo va a evolucionar tu negocio, gestión del tiempo, y la facturación de sus clientes puede llegar a ser un requisito. Hay algunos excelentes soluciones de seguimiento de tiempo, algunos de los cuales se pueden integrar con tu sistema de contabilidad. Considera:

- ✓ TSheets en www.Tsheets.com que se integra directamente con QuickBooks
- ✓ Dovico en www.Dovico.com También se integra con QuickBooks, así como con Microsoft Excel

Estimación de Trabajo

Si eres listo para expandir más allá del tiempo de seguimiento dedicado a un proyecto y pasar a la estimación y la gestión de las ofertas de puestos de trabajo propuestos, hay una aplicación móvil para eso también. Estos también están diseñados para ser fáciles de usar y de bajo costo. Observa:

- ✓ JobFLEX en www.Job—FLEX.com

La Gestión de Pagos

Las aplicaciones de pago móvil permiten a "You, Inc." para aceptar el pago al terminar o la entrega de tu producto de trabajo. Estas soluciones ofrecen un lector de tarjetas de crédito fácil de usar que se puede conectar a un teléfono inteligente o dispositivo móvil para ejecutar el pago. El valor para ti y para tu cliente para la comodidad y la resolución inmediata de una transacción no puede ser subestimada. Echa un vistazo a:

- ✓ PayPal Here en www.PayPal.com
- ✓ Square en www.SquareUp.com

Organización Personal

Es posible que tenga una necesidad de crear y gestionar listas de tareas, proyectos, recordatorios y notas, así como compartirlos con sus clientes y

/ o empleados futuros. Utilizando sus dispositivos móviles para mantenerse organizado es cada vez más fácil, ya que es compartir sus resultados. Una serie de aplicaciones de la organización de las tareas, existiendo pero tenga en cuenta:

✓ Evernote en www.Evernote.com

✓ Trello en www.Trello.com

Referencia General

Aunque se puede usar una referencia rápida cuando se está en un sitio de trabajo. Aquí es una aplicación gratuita que puede ser útil cuando más lo necesita. Es una herramienta de construcción y referencia a gran escala que viene equipada con las calculadoras de construcción y materiales que necesita para hacer el trabajo.

✓ DEWALT Mobile Pro en Google Play o en iTunes o por lo www .Dewalt.cengage.com/mobilepro/free-construction-calculator

CAPÍTULO 11 REPASO
At Your Best: En el Juego

» "You, Inc." puede establecer una ventaja competitiva de importancia crítica con cada interacción con el cliente mediante la entrega constantemente el producto de servicio al cliente de más alto nivel y la calidad del trabajo para construir la lealtad del cliente y extender el mercado de "You, Inc." llegar a través de referencias boca a boca

» Creciendo el negocio de "You, Inc." a través de redes eficaz con tu "equipo" de multiplicadores de fuerza para aprovechar el acceso a sus clientes, amigos y conocidos

» Es necesario abrazar activamente tu papel como vicepresidente de ventas y desarrollo de negocios a correr la voz de que "You, Inc." es "abierto para los negocios"

- Siempre se busca identificar nuevas oportunidades de negocio para "You, Inc."
- No se puede confiar en las ventas a suceder por sí mismos. Tú decides

» "You, Inc." debe presentar siempre una imagen profesional a sus perspectivas, clientes, proveedores y el público en general. Utilice el Table Stakes Marketing Toolkit.

- El "Toolkit" incluye plantillas y hojas de trabajo para ayudarle a crear las tarjetas de negocio de "You, Inc.," dirección de correo electrónico, formularios clave y papelería, un sitio web básico, y tu argumento de venta

» Deje que la tecnología ayuda a ser más productivo y eficiente con tu tiempo limitado y darle a "You, Inc." una ventaja competitiva. Usando el smartphone y el ordenador, existen soluciones de bajo costo y fáciles de usar para llevar a cabo tareas importantes como:

- Finanzas y Contabilidad
- El tiempo de seguimiento y facturación
- La estimación de empleo
- La gestión de los pagos
- Organización personal
- Referencia general

At Your Best: Medio Tiempo

ESTÁS AT YOUR BEST
mediante la evaluación, ajuste y persistente.

AT YOUR BEST MEDIANTE LA REVISIÓN REGULAR

"Medio tiempo" para "You, Inc." es cualquier momento se puede pasar de considerar qué aspectos del negocio necesitan atención y mejora. Tu éxito a largo plazo depende de tu capacidad de construir en lo positivo y aprender y reaccionar a lo negativo. Es necesario mantener la flexibilidad y objetiva de manera que se puede ver en todos los aspectos de tu negocio como lo que realmente son. Entonces, tienes que estar preparado para hacer las correcciones y ajustes necesarios a mitad de camino.

Considerar la adopción como un objetivo por sí mismo, El hábito de hacer siempre continuas mejoras incrementales, similar al concepto presentado en clientes incondicionales: Entrega el Vision Plus uno por ciento. Tratar de forma regular y constante hacer todo lo posible para ofrecer lo más cerca posible de tu visión de lo que "You, Inc." podría ser. En aquellas áreas en las que "You, Inc." puede no estar dispuestos a cumplir tu visión completa de lo que podía ofrecer, asegúrate de centrarse en aquellos elementos de tu negocio que tú sabe que, Inc. puede entregar no importa qué, y establece expectativas en consecuencia. A continuación, empuja a "You, Inc." para ir más allá mediante el compromiso de la mejora continua de un bit a la vez, un uno por ciento de mejora, con el fin de acercarse cada vez más a tu visión definitiva para "You, Inc."

Como mínimo, debe ser capaz de responder y / o tomar medidas sobre las siguientes preguntas:

- ✓ ¿Son los clientes actuales / pasados la mejor fuente para encontrar nuevos clientes?
- ✓ ¿Cuál es tu posición de efectivo y cuáles son los gastos en contra de ella, ahora?
  - ¿Cuántos meses de dinero en efectivo es lo que tiene a mano para cubrir los gastos que proyectó?
- ✓ ¿Cómo te va con tu presupuesto previsto vs prevé que sus ventas?
- ✓ ¿Son sus "guerrilleros" esfuerzos de marketing tan eficaz como tienen que ser?
- ✓ ¿Entrega ti para sus "multiplicadores de fuerza" y que es para ti?
- ✓ ¿Está listo para llevar a un miembro (s) del equipo?
- ✓ Son los procesos y los recursos en lugar de contratar nuevos miembros del equipo?
- ✓ ¿Eres el tipo de líder que Quieres seguir?
- ✓ ¿El dueño está posicionado para crecer, declinar o avanzar en el agua (es decir, disminución)?

SEA LO QUE SEA, HAZ UN ANÁLISIS SWOT

Estas por tu cuenta. Se puso en marcha, "You, Inc." y que está viendo sus esfuerzos dan fruto. Ahora, es el mejor momento para considerar cómo van las cosas y si hay cambios que Debes hacer. Las opciones y las decisiones que tome en nombre de "You, Inc." en esta primera etapa pueden significar el éxito o el fracaso. Sin embargo, haz llegado hasta aquí, debido a tu compromiso con los principios de 3P+A como artesano. Ha establecido una base sólida, sólida para tu éxito.

Es necesario revisar constantemente cómo se está ejecutando en contra de tu planificación de penetración en el mercado. ¿Dónde se necesita hacer ajustes? ¿Dónde estás y "You, Inc." llegando a la marca y cómo se puede sacar provecho de sus éxitos? ¿Dónde se echa en falta la marca y qué cambios debería estar haciendo para redirigir sus esfuerzos? Es necesario a sangre fría, sin hacerse ilusiones, comparar sus resultados reales en contra de sus expectativas para que pueda mejorar continuamente sus posibilidades de éxito a largo plazo.

Recuerde, tienes una herramienta muy fácil de usar a tu disposición en cualquier momento que está a punto de hacer frente a cualquier problema importante. SWOT es temprano y con frecuencia. Grabarlo en tu pensamiento: fortalezas, debilidades, oportunidades y amenazas.

Coge una hoja de papel o un pedazo de madera o lo que está cerca, Dibujar los cuatro cuadrantes, y tomar unos minutos para ser tu propio mejor entrenador. Pregúntese un conjunto de mejores preguntas y se llega a un mejor conjunto de respuestas. Sea específico los puntos de emisión / decisiones que desea abordar. Evitar generalidades cuando se está dar contenido a sus cuadrantes. Sea lo que sea, ¡SWOTízalo!

Pregúntate:

1. ¿Qué **fortalezas (Strengths)** tiene "You, Inc." tiene que llamar en caso de realizar este curso de acción?

2. ¿Qué **debilidades (Weaknesses)** podría afectar "You, Inc." al tomar este curso de acción?

3. ¿Qué **oportunidades (Opportunities)** podrían abrir a "You, Inc." mediante la adopción de este curso de acción?

4. ¿Qué **amenazas (Threats)** a "You, Inc." de tener que lidiar con al tomar este curso de acción?

EL ÉXITO COMO LÍDER DE UN EQUIPO PEQUEÑO

Entre las decisiones más importantes que tendrá que realizar en nombre de "You, Inc." será aquellos asociados que contratan a formar parte del equipo "You, Inc." No está exagerando cuando digo que quien lo contrata va a hacer o romper "You, Inc.," tu visión de lo que "You, Inc." puede llegar a ser depende de la selección, que conduce, y construir el equipo que trabajará contigo para hacer frente al desafío que han establecido para sí mismo y para "You, Inc." Se inicia con gran contratación. Tómese el tiempo para encontrar el mejor. No aceptar la mediocridad de la eficiencia de llenado de un puesto de trabajo. Lo vas a lamentar que muchas veces— por no mencionar el daño a tu negocio y tu reputación "You, Inc." Piensa acerca de las habilidades de alto nivel como artesano como un "deber— tener." Piensa en las habilidades blandas (3P+A) como el desempate.

En esta etapa de tu carrera, sabes mejor que la mayoría la manera de identificar las habilidades y otros atributos que un nuevo empleado tiene que demostrar que a medida que construye a cabo tu equipo. Tu objetivo debe ser de montar y dirigir un equipo de artesanos afines, comprometidos con los principios de 3P+A. A los efectos de estar **At Your Best**, la siguiente discusión sobre el equipo de "You, Inc." habla de ti como el líder de "You, Inc."

Probablemente hay más libros de negocios escritos sobre el liderazgo eficaz que cualquier otro tema. Voy a sugerir que hay un gran libro para leer si quieres aprender cómo dirigir un pequeño equipo para trabajar juntos para superar todos los pronósticos para lograr grandes cosas. El libro fue escrito por dos sellos antiguos de la Marina estadounidense, que exponen los principios de liderazgo encarnados por todos los SEALs de la Marina de Estados Unidos, tras haber realizado el entrenamiento mental y físico extraordinariamente riguroso. El título del libro es *Extreme Ownership: How US Navy SEALs Lead and Win* por Jocko Willink y Leif Babin.

Se podría decir que operativo y que lleva un pequeño negocio en los 'Skilled Trades' no es el mismo que lleva un pequeño equipo de especialistas altamente capacitados, motivados altamente enfocados en lograr un mutuo acuerdo objetivo ... o se podría decir que esto es exactamente lo que necesita para tu pequeña empresa. Es necesario seguir un ejemplo de importancia crítica establecida por los SEALs. Exigen un nivel extremadamente alto de habilidad y la integridad de cada individuo que permiten a tu equipo. El éxito de "You Inc." depende de tu capacidad de construir y dirigir un equipo de miembros con lo positivo, actitud de poder hacer para que coincida con tu propio y las habilidades para hacer el trabajo a mano el día a día.

Extreme Ownership te ayudará a ver cómo, como liderazgo puede darle a tu equipo de "You, Inc." una fuerza, pequeña o grande, que puede llegar a ser imparable. El libro y sus autores presentan los principios de liderazgo SEAL describiendo primero cada principio en términos de tu aplicación en una situación de combate o militar seguida de una aplicación empresarial de ese principio. Los principios son tan claros y fáciles de entender, ya que son implacables en sus demandas en ti como el líder. A continuación se muestra un breve resumen de los principios presentados en *Extreme Ownership*:

1. El líder es siempre responsable de cada miembro del equipo y cada entregable esperado de cada miembro del equipo. Se trata de **"Extreme propiedad"**: el líder es titular de todos los errores y fallos realizados por el equipo. No hay equipos malos, solo malos líderes.

2. El líder debe ser un "verdadero creyente" en la visión o de lo contrario nadie más en el equipo que va a ser. la creencia y el compromiso del líder son el primer paso para conseguir cada miembro del equipo para creer.

3. El líder tiene que "comprobar el ego," ya que se interpone en el camino de un liderazgo efectivo. Los líderes deben operar con un alto grado de humildad dispuesto a admitir errores y dar crédito a los miembros del equipo.

4. El líder debe reconocer que el trabajo en equipo resulta en un mejor resultado para tener a todos frente a un grupo de personas que hacen el trabajo de forma independiente. Los líderes mantienen sus equipos se centraron en la realización de la visión de conjunto.

5. El líder establece lo que debe llevarse a cabo de forma clara y simple para evitar confusiones o malentendidos. Si un miembro del equipo no entiende un objetivo, el líder asume la responsabilidad por no haber sido lo suficientemente claro en la presentación de la visión en los términos apropiados.

6. El líder se encuentra con un reto o situación difícil evaluando primero el problema de prioridad más alta (s) y se fijan a cabo evaluaciones simples y claras del problema. A continuación, el líder busca comentarios o puntos de vista de los otros miembros del equipo. Por último, el líder utiliza esa información para ofrecer un desglose clara del proceso para resolver la situación. Una vez que se aborda el primer punto prioritario, sólo entonces el líder continúe con la siguiente prioridad siguiendo el mismo enfoque, y así sucesivamente.

7. El líder debe actuar con decisión, incluso cuando las cosas todo el equipo es incierto y caótico. el comportamiento del líder se refleja por el equipo, sobre todo en momentos de mucho estrés o la incertidumbre. 3P+A tiene que ser tu conducta cotidiana y que tiene que ser lo que espera de tu equipo—día tras día.

8. El líder debe ser capaz de dirigir y gestionar "en la cadena de mando." En el caso de que como el líder de "You, Inc.," una

pequeña empresa en los 'Skilled Trades'—que necesita para ser un líder eficaz, en nombre de tu equipo, cuando se comunica difíciles de contrato de la información a la gente como un contratista general o tu cliente, que están "en la cadena de mando."

9. El líder debe ser capaz de hacer frente a los objetivos de contrapeso que componen ser un líder eficaz:

- Un líder debe conducir, sino también estar dispuestos a seguir
- Un líder no se deja intimidar por un miembro del equipo que sabe más o es una mejor artesano
- Un líder debe ser agresivo, pero no agobiante
- UN líder debe estar tranquilo y lógica, pero no robótico o carente de emoción
- Un líder debe ser seguro, pero humilde
- Un líder debe estar atento a los detalles, pero no obsesionado por ellos
- Un líder debe ser cercano con otros miembros del equipo, pero no demasiado cerca
- Un líder tiene nada que demostrar, pero todo por demostrar

 AYB ASSIST

Extreme Ownership cada capítulo termina con una sección de 1–2 páginas llamado "Principio"—"PRINCIPLE" y otro llamado "Aplicación a negocios"—"Application to Business."
Si está presionado por el tiempo, por lo menos, lea las secciones "principio" de los capítulos 1–4, 6–7, y 10–12
The Art of the Start—Cap. 6 "El arte de reclutamiento"— "The Art of Recruiting"

"YOU, INC.," TUS EMPLEADOS Y CONTRATISTAS

Con tu primer empleado que no sea ti, "You, Inc." se convierte en un animal diferente en cuanto a los trámites que tiene que realizar un seguimiento y archivo. Tanto si se trata de contratistas independientes o empleados reales de "You, Inc.," debes hacer lo correcto en el momento correcto o de lo contrario hacer frente a algunas consecuencias potencialmente difíciles de agencias gubernamentales locales, estatales y federales.

Baste decir que simplemente no desea ignorar o tomar atajos en relación con los requisitos impuestos por estos organismos. Estos requisitos serán diferentes según el estado y posiblemente por la ciudad por lo que hacer tu tarea.

AYB ASSIST

Pequeño operador Tiempo—Cap. 3 "Creciendo"—
  "Growing Up"—léase al menos las primeras diez páginas

Lo que es importante es urgente y rara vez lo que es urgente rara vez es importante.

—DWIGHT D. EISENHOWER

NUNCA HAY SUFICIENTE TIEMPO EN EL DÍA

Como propietario de una pequeña empresa, el tiempo no es tu amigo. Nunca habrá suficiente tiempo para hacer todo lo que hay que hacer. Aun así, tu capacidad para ejecutar tareas en tu día más crítico tras día— Se determinará en gran medida, el éxito de "You, Inc."

Todo el mundo se ocupa de las limitaciones de tiempo de manera diferente y hay un sinnúmero de libros y herramientas que puede recurrir en busca de ayuda. A menos que tienes tu propio enfoque para la planificación de sus días para evitar sentirse abrumado por no tener suficiente tiempo, mi sugerencia es para considerar el siguiente enfoque sencillo para romper cómo asignar tu tiempo.

Este enfoque se denomina la matriz de decisión de Eisenhower, ya que fue utilizado por nuestro presidente 34 de Estados Unidos, Dwight D. Eisenhower. Esta matriz le permite romper y separar las tareas en las que son más importantes y urgentes frente a aquellos que son menos importantes y significativos. El objetivo es asegurarse de que tiene una forma fácil de usar, listo para identificar lo que siempre debe centrarse en todo el día.

Para crear tu propia matriz de decisión de Eisenhower, haga lo siguiente:

- ✓ Tome una hoja de papel y dibujar una matriz que consta de cuatro cuadrantes con las siguientes etiquetas: "Importante/ urgente," "Importante/No urgente," "No importante/urgente," "No importante/No urgente"
- ✓ Rellenar la matriz de la colocación de todas las tareas que tiene en tu lista siempre creciente de tareas de acuerdo a la etiqueta cuadrante apropiado

CUADRANTE 1: IMPORTANTE/URGENTE	CUADRANTE 2: IMPORTANTE/NO URGENTE
✓ plazos de clientes y seguimiento de llamadas ✓ Crisis de negocios o personales ✓ plazo del impuesto	✓ reuniones de redes multiplicador de fuerzas ✓ la planificación de negocios próximo trimestre ✓ negocios llamadas nuevas de seguimiento
CUADRANTE 3: NO ES IMPORTANTE/URGENTE	**CUADRANTE 4: NO ES IMPORTANTE/NO URGENTE**
✓ Las interrupciones ✓ Reuniones improvisadas ✓ Llamadas no esenciales	✓ La limpieza de archivos de correo electrónico o de correo masivo ✓ Pérdida de tiempo sin fin

Una palabra sobre el Cuadrante 1 artículos: Siempre habrá eventos incontrolables o situaciones que no se pueden anticipar que necesitarán ser tratados independientemente de sus otras prioridades altas. Sin embargo, en honor a la verdad, la mayoría de las emergencias y los asuntos urgentes en los negocios pueden normalmente se remontan a un compromiso insatisfecha o algo que fue dejado de hacer o que se podría haber hecho mucho antes de una fecha límite. Pero no deje que las cosas se ponen allí.

Con eso dicho, sobre una base diaria tratar de hacer lo siguiente:

✓ Trabajar para mantener el número de actividades Cuadrante 1 al mínimo

✓ Aprovechar cada oportunidad para pasar más tiempo en el cuadrante 2 actividades. Tómese el tiempo para pensar a través de
actividades antes de tener que hacerlo cuando se está contra la
pared con los problemas urgentes.

✓ Reducir el tiempo de permanencia en el Cuadrante 3 y 4 actividades siempre que sea posible

✓ Se obligue a mantener la concentración en las cosas que marcan
la diferencia, incluso si es difícil de hacer

Una vez que se sienta cómodo con la realización de este ejercicio por tu
cuenta, podrías considerar hacer el ejercicio con tu equipo. De ese modo,
si tú y tu equipo está experimentando problemas con las limitaciones de
tiempo y las prioridades de ajuste, como un equipo, se puede utilizar la
matriz de decisión de Eisenhower para que todos en la misma página.

Decir "No" a Veces es la Respuesta Correcta

Una de las formas más seguras que hay que poner algunos límites en tu
galopante lista de tareas es simplemente decir 'No' a Cuadrante 3 y 4
artículos antes de que lleguen en tu lista en el primer lugar. Si algo es
"No es importante," ¿hay realmente ninguna buena razón para perder el
tiempo de preocuparse por ella?

Otra consideración de importancia crítica para decidir si decir "Sí" o
"No" está en las decisiones relacionadas con el nuevo negocio. Es siempre
peor en términos de reputación, los costos y el servicio al cliente a aceptar
un trabajo adicional cuando "You, Inc." no es capaz de ofrecer un producto de trabajo de alta calidad de principio a fin. A veces diciendo "No"
a la nueva empresa es la respuesta correcta.

Planear Tu Día la Noche Anterior y Dormir Mejor

Ciertamente, no es nuevo para ti que una de las principales causas para el insomnio o falta de sueño es preocuparse por olvidar algo o pensando en lo que tiene que hacer al día siguiente. Ataque este problema de frente y dormir mejor por la noche.

Toma algún tiempo al final del día a la lista de lo que necesita para llevar a cabo el día siguiente, si lo puede hacer en una matriz de decisión de Eisenhower tanto mejor. A continuación, que tu trabajo subconsciente sobre los problemas durante el sueño. Se podría sorprender a sí mismo en las soluciones que puedan entrar en la mañana. Mejor aún, cuando se despierta, sabrás exactamente lo que hay que hacer al comenzar el día.

Herramienta rápida AYB: Ir www.AtYourBest.com y haz clic en "AYB Quick Tools" para una sencilla basada en Microsoft Excel, hoja de cálculo **Eisenhower Decision Matrix** que se puede descargar y modificar para sus propósitos fácilmente.

MEJORAR O ELIMINAR

"You, Inc." no tiene el lujo de repetir los errores o la colocación de calidad inferior con elementos de tu negocio. Aprovecha la oportunidad durante estas sesiones de medio tiempo de reevaluación para considerar lo que está funcionando y lo que no lo es. Para aquellas partes o actores de tu negocio que no están trabajando hacia el objetivo deseado, tener una mirada fría, de ojos claros en el tema en cuestión y luego mejorar o eliminar.

Una ilusión o la esperanza de que los resultados no pueden o no se harán realidad no es algo que "You, Inc." puede permitirse en este momento, o alguna vez realmente. Nunca hay una buena razón para dejar un aspecto por debajo del par del Fester negocio o empeorar. Entre más pronto frente directamente en—repararlo o hacer un cambio, tanto mejor para "You, Inc." y para todos los involucrados. Obtener en el hábito de revisar periódicamente, haciendo ajustes, y replantear las preguntas complementarias:

✓ ¿Es el Plan de Ir-Al-Mercado de "You, Inc." acertado?
✓ ¿Cómo estás, el seguimiento de las finanzas de Inc.?
✓ ¿Cómo perfila el equipo de "You, Inc."?

¿Es el Plan de Ir-Al-Mercado acertado?

Por lo menos una vez al mes, tomar algún tiempo para hacer una revisión parcial del plan de salida al mercado de "You, Inc." Incluso si sólo lo hace en tu cabeza, asegúrate de que Estás pasando por la forma en que está haciendo frente a los resultados esperados. Identificar aquellos elementos de tu plan que necesitan atención o estaban completamente fuera de lugar. Haz una pregunta mejor y obtendrá una mejor respuesta.

¿Cómo está el Seguimiento de Finanzas de "You, Inc."?

Al menos semanalmente, dedicar tiempo a revisar la situación financiera de "You, Inc." y las partes de tu negocio que afectan el flujo de caja. ¿Cómo es tu flujo de caja en comparación con el seguimiento proyectado y próximas salidas? ¿Cómo son sus esfuerzos de desarrollo comercial para identificar nuevos clientes potenciales, que trabajan en comparación con tu cartera de negocio futuro? ¿Qué es la realidad y lo que se puede desear pensar? ¿Qué vas a hacer al respecto?

¿Cómo perfila el Equipo de "You, Inc."?

Al menos sobre una base diaria, pensar en cómo tu equipo está cumpliendo con tu visión de lo que "You, Inc." Puede ser. ¿Está adoptando la versión de "You, Inc." de A + A modo de pensar 3P a su vez a sus clientes en "incondicionales?" ¿Estás como el líder de You, Inc. "caminar el camino" de tomar "Extreme Ownership" con tu equipo? Si no en uno o el otro o ambos, ¿qué estás planeando hacer para mejorar sus resultados? Tener las conversaciones difíciles primeros y directamente para ayudar a los miembros de tu equipo a mejorar y para todo el mundo para mantener el rumbo.

VUELVE A LA CANCHA

Medio tiempo ha terminado. Volver en la cancha. Evitar la parálisis por el análisis. "You, Inc." necesita tu cabeza en el juego. Tu cliente necesita que cumplir las expectativas de que "You, Inc." establecido para ellos. Tu equipo necesita tu máximo líder. Análisis no paga las facturas. La ejecución y la mejora continuas.

_____ **CAPÍTULO 12 REPASO** _____

At Your Best: Medio Tiempo

» El éxito a largo plazo Inc. depende de tu capacidad para construir regularidad en los aspectos positivos y aprender de los negativos— restantes cosas flexibles y objetivas y ver como el realmente. Pregúntese:

- ¿Cómo está "You, Inc." haciendo en contra de tu plan de la salida al mercado?
- ¿Cómo está "You, Inc." rastreando con sus finanzas?
- ¿Cómo perfila el equipo "You, Inc."?
- ¿Dónde se necesita para mejorar o hacer un cambio?

» Sea lo que sea, se SWOT.

- Dibuje los cuatro cuadrantes y diseñar los elementos de tu decisión o tema

- Pregúntese mejores preguntas para que pueda encontrar mejores respuestas

» Al frente de un pequeño equipo para lograr grandes cosas en contra de más competidores establecidos y otras fuerzas del mercado requiere "propiedad extrema" – "extreme ownership" de tu parte como líder

» Nunca habrá suficiente tiempo en el día para hacer todo lo que es posible que desee hacer

- Utilice la **Eisenhower Decision Matrix** para priorizar tu tiempo limitado en las tareas más importantes en primer lugar, mientras que la separación de las actividades de tiempo o improductivos

CAPÍTULO 13

Mantener la Cabeza en Alto, parte 2

ESTÁS AT YOUR BEST
cuando se puede mantener la cabeza recta, incluso en tiempos difíciles.

MANTENER LA CABEZA EN ALTO, PARTE 2

Ahora es el momento para ofrecer un poco más de "Ajuste de actitud" que se orientan más a los retos a los que "You, Inc." se encontrará como un pequeño negocio.

Las empresas de todos los tamaños, al igual que los atletas profesionales, buscan entrenadores de negocios, entrenadores y mentores para ayudarles a tener **At Your Best**. Sin embargo, "You, Inc." no tiene un presupuesto para un entrenador o entrenador de negocios para ayudar a ti y tu equipo de guías para cumplir con los objetivos de negocio y superar los desafíos y obstáculos. Para mejor o peor, es a ti para "obtener tu cabeza recta" cuando la duda y la segunda adivinar sus opciones de vida se meten en tu forma de pensar.

Al igual que en "Mantener la cabeza en alto, Parte 1," la siguiente expone algunos "SME Insights" y "Quotes to Get Your Head Straight" dividido entre las categorías 3P+A. Además, hay citas de motivación adicionales, así como algunas reflexiones ofrecidas por **AYB** Asunto expertos en la materia (SME) ofrecidos en la página web **At Your Best**.

Herramienta rápida AYB: Ir www.AtYourBest.com y haz clic en "AYB Quick Tools." Encontrará un enlace a **Getting Your Head Straight.** Todas las citas se agrupan de acuerdo a tu enfoque y luego clasifican en uno de los cuatro apartados: Personas, Presentación, Profesionalismo y Actitud, o 3P+A. Las observaciones presentadas por los SMEs se presentan en esas categorías como "**SME Insights.**"

Ahora, como en el capítulo ocho, leer a través de los siguientes puntos de vista y citas y tomar un momento para recoger los dos en cada grupo que resuenan contigo o que impacto cuando las lea en primer lugar. Luego, se coloca una marca de verificación en el espacio al lado de él. Tu objetivo es encontrar un ajustador de actitud pareja en cada una de las categorías 3P+A que puede consultar rápidamente de nuevo a cuando las cosas se ponen agitado y desafiante.

PERSONAS: LA PRIMER P EN 3P+A

Citaciónes de SMEs Acerca de Personas:

Un gran error que los nuevos propietarios de negocios hacen: compran un camión grande, llamativo con un cartel en el lado para mostrar el éxito que tendrán. Entonces, terminan trabajando para ese camión en lugar de tu cliente o tu éxito comercial a largo plazo.
                        —JEFF M., CONTRATISTA, ST. LOUIS

Su reputación abre puertas, pero todavía tiene que venderse a sí mismo y tu equipo en cada trabajo, no importa cuán grande o pequeño podría ser tu negocio.
                        —GEORGE M., CONTRATISTA, NUEVA YORK

Al comprar una pieza de equipo para la empresa, asignarlo a una persona. Entonces, sabes que va a ser atendido y que se vea a si se estropea.

—DAVE M., CONTRATISTA, ÁREA DE SEATTLE

Citaciónes para mantener tu cabeza en alto sobre Personas:

Cuanto más se involucra con los clientes las cosas más claras se vuelven y más fácil es determinar lo que debe hacer.

—JOHN RUSSELL

Es necesario pasar todo tu tiempo y energía en la creación de algo que realmente aporta valor a la gente que está pidiendo dinero.

—GARY VAYNERCHUK

Se necesitan años para construir una reputación y cinco minutos para arruinarla. Si se piensa en eso, que va a hacer las cosas de manera diferente.

—WARREN BUFFETT

Cada contacto que tenemos con influencias de los clientes si son o no va a volver. Tenemos que ser grande o cada vez que vamos a perderlos.

—KEVIN STIRTZ

Regla #1—Si no nos ocupamos del cliente . . . alguien más lo hará.

—EDGAR MITCHELL

Todo el mundo no es tu cliente.

—SETH GODIN

No trate de decirle al cliente lo que quiere. Si quieres ser inteligente, ser inteligente en la ducha. A continuación, salir, ir a trabajar y servir al cliente.

—GEN BUCKLEY

Los clientes fieles, que no acaba de regresar, no simplemente te recomiendan, insisten en que sus amigos hacen negocios contigo.

—CHIP DE CAMPANA

Todo gran negocio se basa en la amistad.

—JC PENNEY

PRESENTACIÓN: LA SEGUNDA P EN 3P+A

Citaciónes de SMEs sobre la Presentación:

Plan para ser el portador de muchos sombreros y aprender a usar cada uno de ellos como si estuviera hecho especialmente para ti.

—GARY C., CONTRATISTA, ÁREA DE SEATTLE

No se puede utilizar la espalda para que sea como contratista. Tienes que usar la cabeza. Tu espalda sólo va a llegar tan lejos antes de que da hacia fuera o simplemente pasa de moda.

—AL B., CONTRATISTA, NUEVA YORK

Cuanto más duro trabaje, más trabajo se obtiene. Cuanto más trabajo se obtiene, más clientes lo llevan de tu competencia. La moraleja de la historia: El más difícil de trabajar, la mejor es para ti y la peor es para tu competencia. ¿Alguna pregunta?

—MARIO M., CONTRATISTA, NUEVA YORK

Citaciónes para mantener tu cabeza en alto sobre la Presentación:

En el mundo de los negocios, las personas que tienen más éxito son los que están haciendo lo que aman.

—WARREN BUFFETT

Una vez que Estás de acuerdo en el precio de ti y tu familia debe pagar por el éxito, que le permite ignorar el menor daño, la presión del oponente, y los fracasos temporales.

—VINCE LOMBARDI

El éxito no viene a ti, vas a él.

—MARVA COLLINS

El único lugar donde el éxito viene antes que el trabajo es en el diccionario.

—VINCE LOMBARDI

Cualquier cosa vale la pena hacer duele un poco.

—MIKE ROWE

Todo presión negativa, desafíos son todos una oportunidad para mí para subir.

—KOBE BRYANT

Cuando todo parece ir en contra de ti, recuerde que el avión despega contra el viento, no con ella.

—HENRY FORD

Atacar cada día con un entusiasmo desconocido para la humanidad.

—JIM HARBAUGH

Hoy en día es otra oportunidad, te haces orgullosos.

—DESCONOCIDO

El trabajo va a llenar gran parte de tu vida, y la única forma de estar realmente satisfecho es hacer aquello que creen es un gran trabajo. Y la única manera de hacer un gran trabajo es amar lo que haces.

—STEVE JOBS

PROFESIONALISMO: LA TERCERA P EN 3P+A

Citaciónes de SMEs sobre Profesionalismo:

Haga tu mejor trabajo cuando nadie está mirando usted y tu trabajo estará cubierto por placas de yeso.

—RUSS M., CONTRATISTA, ÁREA DE SEATTLE

Los clientes no esperan que seas perfecto cada vez. Ellos esperan que va a hacer lo correcto. Tienes que estar preparado para darles la mala noticia antes de que lo descubran alguna otra manera y hay que decir cómo se va a hacer lo correcto.

—RICHARD S., CONTRATISTA, NUEVA YORK

Cada día, cada trabajo, cada factura es otra oportunidad para construir o arruinar tu reputación. Que sea un hábito para decir siempre a sí mismo: 'Hacer lo correcto es siempre lo correcto.'

—CALVIN M., CONTRATISTA, ÁREA DE SEATTLE

Citaciónes para mantener tu cabeza en alto sobre Profesionalismo:

Tienes que realizar en un nivel consistentemente más alto que otros. Eso es la marca de una verdadera profesional.

—JOE PATERNO

Mantenga ti mismo responsable de un estándar más alto que cualquier otra persona espera de ti. Nunca se excusa.

—HENRY FORD

Nuestro verdadero carácter es esa persona nos volvemos cuando nadie está mirando.

—JOHN WOODEN

Si el plan A falla, recuerde que hay más de 25 letras.

—CLAIRE COOK

El precio del éxito es un trabajo duro, dedicación al trabajo a mano, y la determinación de que si ganamos o perdemos, hemos aplicado el mejor de nosotros mismos a la tarea en cuestión.

—VINCE LOMBARDI

El que es bueno para hacer excusas rara vez es bueno para cualquier otra cosa.

—BENJAMIN FRANKLIN

No se puede tener un sueño de millones de dólares con una ética de trabajo salario mínimo.

—STEPHEN C. HOGAN

O se ejecuta el día o el día en que se ejecuta.

—JIM ROHN

No hay una pasión que se encuentran jugando a pequeña conformarse con una vida que es menor que el de que son capaces de vivir.

—NELSON MANDELA

No se puede construir una reputación en lo que se va a hacer.

—HENRY FORD

ACTITUD: LA A EN 3P+A

Citaciónes de SMEs sobre la actitud:

Como pequeño empresario, que está viviendo el Sueño Americano en el país más grande del mundo. Sonreír y seguir adelante con ella. No hay nada que pondrá en el camino que una actitud positiva no puede hacerlo mejor. Por otro lado, hay algo que puede suceder, bueno o malo, que se realizará peor con una mala actitud. Siempre es tu elección.

—ALBERTO F., CONTRATISTA, NUEVA YORK

No hay lugar en mi equipo para alguien con una actitud negativa, pesimista, que se queja y se queja todo el tiempo, y eso me incluye a mí.

—BRYAN A., CONTRATISTA, ÁREA DE SEATTLE

Cuando las cosas se ponen difíciles, tómese un minuto para dejar que se hunda y para buscar una solución. Entonces, conseguir tu culo en marcha y hacer que suceda algo bueno.

—JEFF C., CONTRATISTA, ÁREA DE SEATTLE

Citaciónes para mantener tu cabeza en alto sobre la actitud:

Si usted piensa que puede o cree que la derecha no puede—
eres.

—HENRY FORD

Un pesimista ve la dificultad en cada oportunidad; un optimista ve
la oportunidad en cada dificultad.

—WINSTON CHURCHILL

Nada de cualquier importancia cada vez se ha logrado mediante un
pesimista.

—JACK WELCH

"segúrate de que tu peor enemigo no vive entre sus propios dos
oídos.

—LAIRD HAMILTON

Si usted se levanta por la mañana esperando tener un mal día, rara
vez defrauda a sí mismo.

—WAYNE DYER

Las actitudes son contagiosas. Hacer suyo digno.

—MARY KAY

Soy el más grande, he dicho que, incluso antes de saber que era.

—MUHAMMAD ALI

El optimismo es el rasgo humano más importante, porque nos permite evolucionar nuestras ideas, para mejorar nuestra situación, y la esperanza de un mañana mejor.

—SETH GODIN

Es difícil de superar una persona que nunca se rinde.

—BABE RUTH

La pequeña empresa no es para los débiles de corazón. Es para el valiente, el paciente y el persistente. Es para los vencedores.

—DESCONOCIDO

—————— CAPÍTULO 13 REPASO ——————
Mantener la Cabeza en Alto, parte 2

» Como dice el dicho: "Es solo en la parte superior." Estás en la parte superior de "You, Inc." y habrá muchas ocasiones en las que se necesitan para "obtener tu cabeza hacia atrás en el juego."

   • Reemplazar las dudas y la negatividad con la nueva autorización, pensamientos positivos

» Cuando sea necesario, hacer lo siguiente:
  - Leer a través de las ideas y citas
  - Seleccione los dos en cada grupo que resuena contigo
  - Escribirlas y publicarlos donde se puede ver a menudo
  - A continuación, enganchar los pantalones y volver al trabajo
» Sólo puedes controlar tu actitud durante todo el día, todos los días

At Your Best: Siendo Pro

ESTÁS AT YOUR BEST
a medida que crece "You, Inc."

AT YOUR BEST AL "SIGUIENTE NIVEL"

¡Haz construido una diablos de un negocio! Tu pequeña empresa es próspera, y ahora están pensando en lo que se necesita para jugar en un campo mucho más amplio. Es cierto que muchos de los conceptos que se han adoptado para estar **At Your Best**, así como aquellos que se han utilizado para construir tu pequeña empresa, serán muy útiles en sus proyectos futuros.

Su éxito ahora que ha llegado al punto en que no puede haber ninguna duda en la mente de alguien que sepa lo que está haciendo y que sabe cómo dirigir un negocio floreciente. Sin embargo, al igual que todos los atletas de clase mundial necesitan a sus entrenadores y preparadores físicos a estar **At Your Best**, ahora tiene tu grupo de "técnicos y entrenadores asistentes" (por ejemplo: contador, abogado, contador, gerente de la oficina, supervisor del lugar de trabajo (s) y los gestores, etc.) para ayudar a "You, Inc." para continuar a estar **At Your Best**.

Este es el último de los Momentos "Kitchen Moments" que estará apuntando hacia fuera para ti en este AYB Playbook. Sus respuestas a las preguntas posteriores confirman que es el momento de construir tu equipo de entrenadores y preparadores. Con cada respuesta "SI," mayor es el requisito será que tiene que actuar más pronto que tarde. Tomar nota de la forma de contestar las siguientes preguntas:

- ✓ ¿Se ha convertido en un cuello de botella? ¿Está retrasando el potencial de crecimiento de tu empresa?
- ✓ ¿Está rechazar puestos de trabajo debido a que tu equipo está demasiado dispersos?
- ✓ ¿Tiene fuentes predecibles y fiables de los ingresos?
- ✓ ¿Necesita financiación externa para crecer al siguiente nivel?
- ✓ ¿Necesita equipos nuevos o más grandes para ir al siguiente nivel?
- ✓ ¿Qué se necesita para provocar un, nuevo equipo adicional con un gerente?
- ✓ ¿Quieres atacar nuevas oportunidades fuera de tu mercado local?
- ✓ ¿Desea ampliar tu oferta de servicios más allá de establecer tu núcleo?
- ✓ ¿Estás listo para asumir más? ¿Más riesgo de recompensa más potencial?
- ✓ Una última vez, sea lo que sea es... ¿Es realista? ¿Hiciste un análisis 'SWOT'?

Si sus respuestas son predominantemente "sí" a estas preguntas, entonces es el momento para que puedas ampliar sus horizontes. Has hecho bien en la realización de tu Sueño Americano por estar **At Your Best** como se construyó tu carrera como carpintero y luego se construyó un pequeño negocio próspero. Ahora, es el momento de crear el siguiente capítulo del Playbook de "You, Inc." se rodearán de otros profesionales experimentados que pueden ayudar a aprovechar tu alcance y eficacia. Estoy seguro de que grandes cosas están en el almacén para "You, Inc."

_____ CAPÍTULO 14 REPASO _____
At Your Best: Siendo Pro

» ¡Felicidades! Ha seguido el plan de juego expuesto en este Playbook y AYB, "You, Inc." es un éxito.

» Para mantener "You, Inc." en prosperidad, que necesita para construir tu equipo de gestión por preguntarse: "¿Quiénes son aquellas personas clave adicionales que puedo traer a ayudar en "You, Inc."?:

- ¿Crecer el equipo para expandir el negocio "You, Inc." sin comprometer la calidad?
- ¿Construir y hacer crecer la base de las fuentes de ingresos predecibles?
- ¿Obtener fondos adicionales para financiar la expansión de "You, Inc."?

» Siempre estar en tu mejor momento: At Your Best

GLOSARIO DE TÉRMINOS

At Your Best

"At Your Best" es el concepto principal y clave de esta serie de libros. Significa estar en tu mejor momento y que estás en tu mejor momento o "At Your Best" cuando tienes un plan de acción

www.AtYourBest.com

www.AtYourBest.com—El sitio web **At Your Best** y el los AYB Playbooks están diseñados para trabajar juntos para dar acceso al conjunto más amplio de los recursos que se necesitan a medida que construye tu carrera y de negocios en los 'Skilled Trades.' El AYB Playbook se mantiene intencionadamente concisa para que sean fáciles de leer y mantenerse cerca para una fácil referencia, rápida. El sitio www.AtYourBest.com está diseñado para incluir muchos recursos y herramientas adicionales para ayudarle a tener éxito.

3P+A

3P+A significa: Personas, presentación, profesionalismo, además de la actitud. Es un concepto fundamental de **At Your Best** pretende ser una forma sencilla de recordar siempre que tu éxito en los 'Skilled Trades' y como un pequeño negocio se reduce a: ¿Cómo se trabaja con gente en el trabajo; cómo se llevan a cabo en el trabajo; cómo profesional que eres cuando estás en el trabajo; y críticamente importante, cómo controlar tu actitud en el trabajo?

AYB Assist

AYB Assist es una forma rápida de encontrar información adicional relativa a un tema tratado en este AYB Playbook. El **AYB Assist** le dirige a secciones o capítulos en los libros recomendados en este AYB Playbook para aprender rápidamente más sobre un tema específico sin tener que leer todo el libro.

AYB Quick Tools

AYB Quick Tools son herramientas rápida de AYB que se refiere a un inventario de herramientas desarrolladas junto con este AYB Playbook para ayudarle a lograr una amplia gama de tareas tratadas en el Playbook. Se puede acceder a este conjunto cada vez mayor de herramientas, vaya a www.AtYourBest.com y haciendo clic en "AYB Quick Tools," donde encontrará enlaces a todas las herramientas.

"AYB Playbook"

AYB Playbook se pretende que sea tu plan de juego para el éxito en los 'Skilled Trades,' que le da al conjunto mínimo de "juega" es necesario ejecutar para tener éxito como un artesano y un pequeño negocio.

Artesano

Artesano es el término utilizado para ayudarle a estar At Your Best y diferenciarse siempre enfocando en mejorar sus habilidades para que tu actitud y producto de trabajo son siempre del más alto nivel.

Elevator Pitch

Elevator Pitch es una breve (20-30 segundos) conjunto persuasiva de puntos de conversación que se pueden utilizar para despertar el interés de tu oyente (s). Se utiliza un argumento de venta para presentar tu propuesta de valor única de una manera fácil, cómoda, lo que requiere de mucha práctica para lograr así. Necesitas tener sus lanzamientos ascensor practicadas listo Si estás buscando un trabajo como empleado de hablar con un jefe prospectivo o como el vicepresidente de ventas y desarrollo de negocios que habla con un cliente o fuerza potencial multiplicador.

Guerrilla Marketing y otras estrategias de negocio "Guerrilla"

El guerrilla de maketing y otros conceptos de negocio "guerrilla" son estrategias diseñadas para las pequeñas empresas con pocos recursos y presupuestos limitados para promover agresivamente sus productos o servicios de forma no convencional. Para tener éxito, las campañas de guerrillas empresarios apalancamiento tu alta energía, la innovación, la imaginación, y la hora de captar la atención y la lealtad del público en un nivel más personal y memorable. "Guerrilla Marketing" se originó por Jay Conrad Levinson.

Momento "Kitchen Table"

Momento "Kitchen Table" refiere a aquellos momentos en los que puede estar sentado en tu mesa de la cocina, solo o con alguien importante para ti, tratando de pensar a través de decisiones de lo que son las medidas correctas a tomar para asegurar que va a tener éxito. Este AYB PlayBook ofrece una gran cantidad de preguntas que se presentan en cada etapa de tu carrera que se puede considerar en esos momentos mesa de cocina.

Multiplicador de Fuerza

Multiplicador de fuerza es cualquier persona o empresa cuya posición les da acceso a los puestos de trabajo, clientes y prospectos que te gustaría tener como propio. A construir tu "equipo" de multiplicadores de fuerza, centrándose en tratar de responder a la siguiente pregunta: ¿Qué hay en él para ellos?

"Skilled Trades"

Las carreras en los "Skilled Trades" son aquellos trabajos que requieren entrenamiento y conocimiento específico, como un carpintero o un electricista. Gran parte del trabajo involucrado es trabajo manual y puede ser físicamente exigente.

SME—Experto en la Materia

Experto en la materia se refiere a uno de los expertos artesanos o pequeños empresarios que ofrecieron sus puntos de vista en el desarrollo de la serie A tu mejor Playbook y el sitio web www.AtYourBest.com. Los SMEs han "estado allí, hecho eso" y eran todos más que dispuestos a ayudar a que el contenido proporcionado tan útil y pertinente posible.

SWOT

SWOT significa **fortalezas (S para Strengths)**, **debilidades (W para Weaknesses)**, **oportunidades (O para Opportunities)** y **amenazas (T para Threats)**. Un análisis SWOT es un ejercicio que le permite evaluar sus decisiones de negocios haciendo una lista de los elementos específicos de las decisiones en cuanto a sus fortalezas y debilidades (internas) y las oportunidades y amenazas (externas) en una matriz de cuatro cuadrantes y fácil de usar .

"You, Inc."

"You, Inc." es uno de los conceptos básicos clave de At Your Best. "You, Inc." se refiere a ti tanto como un artesano experto cuando eres un empleado y cuando va a iniciar tu pequeña empresa.

- ✓ "You, Inc." tiene servicios para vender: Sus habilidades, experiencia y producto de trabajo
- ✓ Los clientes de "You, Inc." pagan por sus servicios: tu empleador o tu cliente
- ✓ El éxito de "You Inc." se basa en la ejecución: tu reputación de calidad

LISTA DE AYB QUICK TOOLS

Puede acceder a todas las herramientas rápidas de AYB (AYB Quick Tools) mencionados en este AYB Playbook que se enumeran a continuación, así como muchos otros que se van a crear con el tiempo, como tú y nuestros otros lectores hacer sus sugerencias y peticiones. Ir www .AtYourBest.com y haz clic en "AYB Quick Tools."

AYB QUICK TOOL	PROPÓSITO DE AYB HERRAMIENTA RÁPIDA
Client How-to-do Ratings	Las instrucciones para sus clientes para Angie's List y HomeAdvisor
Eisenhower Decision Matrix	Hoja de cálculo y ejemplos para ayudar a administrar tu tiempo para You, Inc.
Elevator Pitch	Hoja de trabajo y el ejemplo (s) para desarrollar sus Elevator Pitch
Expense Budget	Hoja de trabajo y el ejemplo (s) para ingresar tu presupuesto inicial de gastos
Find Certifications	Instrucciones para encontrar programas de certificación para Oficios
Find Local Apprenticeship	Instrucciones para encontrar programa de aprendizaje locales
Find Local Financial Aid	Instrucciones para encontrar fuentes locales de ayuda financiera para tu educación
Find Local Training	Instrucciones para encontrar local de formación profesional

Find Resources for Veterans	Instrucciones para encontrar recursos locales para los veteranos
Getting Your Head Straight	Grandes citas de motivación enumerados por categoría para leer y ajustar tu actitud
Job Search Action Plan	Hoja de trabajo y el ejemplo para construir tu plan de lanzar tu búsqueda de empleo
Licensing Information Websites	Lista de sitios web de agencias por especificando los requisitos de licencia del Estado
Profit & Loss Statement	Hoja de trabajo y el ejemplo (s) para crear tu inicial P & L
Quick Win Brainstorming	Hoja de trabajo y el ejemplo (s) a una lluvia de ideas sus victorias rápidas
Resumes for the Skilled Trades	hojas de vida y orientación de ejemplo para crear tu propio curriculum vitae
Salary Finder	Instrucciones para encontrar rango de salario local en comercio especializado
Sales Forecast	Hoja de trabajo y el ejemplo (s) para introducir la previsión inicial de ventas
SME Interview Highlights	Puntos clave hechas por expertos en la materia durante la entrevista
Startup Expenses	Hoja de trabajo y el ejemplo (s) para especificar los costes de lanzamiento iniciales
SWOT Analysis	Hoja de trabajo y el ejemplo (s) a utilizar para un análisis SWOT
Table Stakes Marketing Toolkit	AYB grupo de herramientas rápidas incluido en una sola carpeta para un fácil acceso
Timing & Action Plan	Hoja de trabajo y el ejemplo (s) para planificar tu tiempo y acciones

You, Inc. Business Card	plantilla de Microsoft Word para facilitar la impresión de tarjetas de visita
You, Inc. Business Email Address	Instrucciones para configurar una dirección de correo electrónico de negocios con Google Gmail
You, Inc. Business Mailing Address	Instrucciones para configurar un apartado de correos con USPS y UPS Store
You, Inc. Forms & Stationery	Fácil de usar plantillas basadas en Microsoft Word para "You, Inc." correspondencia
You, Inc. Business Website	Instrucciones para crear un sitio web profesional sin ser técnico

EPÍLOGO

Quiero darle las gracias por la lectura de este AYB Playbook. Espero sinceramente que lo que se lee aquí le ayudará a estar **At Your Best** en tu búsqueda para realizar tu Sueño Americano. Realmente espero tener noticias de todos sus éxitos.

Voy a considerar que es un honor y una verdadera medida del éxito de **At Your Best**, si encuentras que terminas de usar este AYB Playbook y nuestra página web como una continua referencia a medida que construye tu exitosa carrera y tu pequeña empresa. Déjame saber cómo va. Si a lo largo del camino, se encuentra que este Libro de AYB o la www .AtYourBest.com sitio web se puede mejorar de alguna manera, por favor envíeme un correo electrónico a Comments2JC@AtYourBest.com. Prometo que voy a actuar en tu sugerencia.

Bueno, parece que hemos llegado al final. Te deseo todo lo mejor en el futuro.

Juan Carosso
Kingston, Washington